드림중국어

MCT(의학 중국어 능력 시험) 단어집

梦想中国语

MCT（医学汉语水平考试）单词集

드림중국어 원어민 수업 체험 예약 (30 분)

QR 코드를 스캔해서 중국어 체험 수업 신청하세요.

(네이버 아이디로 들어감)

ZOOM 1:1 수업, 휴대폰/태블릿/컴퓨터로 수업 가능

드림중국어 MCT (의학 중국어 능력 시험) 단어집

梦想中国语 MCT（医学汉语水平考试）单词集

종이책 제 1 판 발행 2021 년 03 월 15 일
전자책 제 1 판 발행 2021 년 03 월 15 일

편저:	드림중국어
디자인:	曹帅
발행인:	류환
발행처:	드림중국어
주소:	인천 서구 청라루비로 93, 7 층
이멜:	5676888@naver.com
등록번호:	654-93-00416
등록일자:	2016 년 12 월 25 일

종이책 ISBN: 979-11-91285-21-5 (13720)
전자책 ISBN: 979-11-91285-22-2 (15720)
값: 20,000 원

이 책은 저작권법에 따라 보호받는 저작물이므로 무단복제나 사용은 금지합니다. 이 책의 내용을 이용하거나 인용하려면 반드시 저작권자 드림중국어의 서면 동의를 받아야 합니다.잘못된 책은 교환해 드립니다.

목 록 (한국어)

1 의학 중국어 능력 시험 (MCT) 소개 1
    一. 능력 설명..1

    二. 시험 내용..1

    三. 시험 용도..4

    四. 성적 보고..4

2 의학 중국어 능력 시험 등급 기준 10
    一. 의학 중국어 능력에 대한 총체적 설명.............................10

    二. 의학 중국어 구두 이해 능력(듣기)................................10

    三. 의학 중국어 구두 표현 능력(말하기).............................11

    四. 의학 중국어 서면 이해 능력 (읽기)...............................12

    五. 의학 중국어 서면 표현 능력 (쓰기)...............................12

3 의학 중국어 능력 시험 화제 요강 17
    一. 의사-의사...17

    二. 의시-환자...17

    三. 의사-간호사..19

    四. 환자-간호사..19

4 의학 중국어 능력 시험 임무 요강 24
    一. 병력 수집...24

二. 신체 검사 24

三. 질병 진단 25

四. 임상 작업 25

五. 치료 방안 논의 26

六. 진료 계획 수립 26

七. 질병 예방 26

八. 인간 관계 27

5 MCT (의학 중국어 능력 시험) 단어집 31

1-100 31

101-200 36

201-300 41

301-400 46

401-500 52

501-600 57

601-700 62

701-800 68

801-900 73

901-1000 78

1001-1100 83

1101-1200 89

1201-1300 94

1301-1400 99

1401-1470 104

목 록 (중국어)

1 医学汉语水平考试介绍 6

    一．能力描述 6

    二．考试内容 6

    三．考试用途 8

    四．成绩报告 9

2 医学汉语水平考试等级标准 14

    一．医学汉语能力总体描述 14

    二．医学汉语口头理解能力（听） 14

    三．医学汉语口头表达能力（说） 15

    四．医学汉语书面理解能力（读） 16

    五．医学汉语书面表达能力（写） 16

3 医学汉语水平考试话题大纲 21

    一．医生-医生 21

    二．医生-患者 21

    三．医生-护士 23

    四．患者-护士 23

4 医学汉语水平考试任务大纲 28

    一．病史采集 28

    二．体格检查 28

三．疾病诊断 28

四．临床操作 29

五．治疗方案商讨 29

六．诊疗计划制订 29

七．疾病预防 30

八．人际交往 30

5 MCT 单词集 31

1-100 31

101-200 36

201-300 41

301-400 46

401-500 52

501-600 57

601-700 62

701-800 68

801-900 73

901-1000 78

1001-1100 83

1101-1200 89

1201-1300 94

1301-1400 99

1401-1470 104

梦想中国语 医学汉语 MCT

1 의학 중국어 능력 시험 (MCT) 소개

의학 중국어 능력 시험 (MCT)은 의학 중국어 응용 수준을 시험하는 표준화 언어 시험으로 교육부 중외언어교류합작센터, 한고국제, 국내 5 개 중점 의학 대학이 공동적으로 연구하여 제작한다. 의학 중국어 능력 시험 (MCT)은 주로 의학 전공 유학생, 중국 경외에서 중국어로 의학을 전공으로 공부하는 학생, 그리고 중국 경내 외에서 중국어로 임상 진료하는 중국어가 제 1 언어가 아닌 의료 간호 요원 등을 대상으로 하고 의학/ 의료 장면에서의 환자, 의료진 및 관련 인원과 중국어로 교류하는 능력을 시험하는 것이다.

一. 능력 설명

MCT 1 급: 병원에서의 일상적인 교류 장면과 관련된 기본적인 언어 자료를 대체적으로 이해할 수 있다. 병세에 대해 간단한 의사 소통을 할 수 있고 질병의 기본 상황을 간단하게 묘사할 수 있다. 중국어 수준은 기본적으로 병원의 실습 요구를 만족시킬 수 있다. 의학 전문 어휘량은 400 여 개이다.

MCT 2 급: 병원에서의 일상적인 교류 장면과 관련된 구체적인 언어 자료를 기본적으로 이해할 수 있다. 병세에 대해 비교적 복잡한 의사 소통을 할 수 있고 질병의 주요 상황에 대해 비교적 구체적으로 묘사할 수 있다. 중국어 수준은 총체적으로 병원의 실습 요구를 만족시킬 수 있다. 의학 전문 어휘량은 800 여 개이다.

MCT 3 급: 병원에서의 일상적인 교류 장면과 관련된 대부분의 언어 자료를 완전히 이해할 수 있다. 병세에 대해 복잡한 의사 소통을 할 수 있고 질병의 전반적인 상황을 자세하게 묘사할 수 있다. 중국어 수준은 병원의 실습 요구를 완전히 만족시킬 수 있다. 의학 전문 어휘량은 1500 여 개이다.

二. 시험 내용

의학 중국어 능력 시험 (MCT) 시험지는 듣기, 읽기, 쓰기 3 부분으로 나뉘어져 있고 총 31 개의 문제가 있으며 시험 시간은 약 125 분 (수험생 개인 정보 작성 시간 5 분 포함)이다. 각 부문의 문제 유형, 문제 수량, 점수 및 시험 시간 등은 다음과 같다.

시험지 구성	문제 유형	문제 수량 (개)	점수	시간 (분)
듣기	문장을 듣고 옳고 그름을 판단하십시오.	10	100	약 35
	대화를 듣고 정답을 고르십시오.	10		
	대화를 듣고 정답을 고르십시오.	10		
	단문을 듣고 정답을 고르십시오.	20		
	답안지를 써넣으십시오. (답안지에 듣기 부분 정답을 쓰십시오.)			5
읽기	알맞은 낱말을 고르십시오.	10	100	50
	문단을 읽고 문단과 의미가 같은 것을 고르십시오.	10		
	자료를 읽고 정답을 고르십시오.	10		
	단문을 읽고 정답을 고르십시오.	10		
쓰기	한 단락의 긴 대화에 따라 진료 병력 기록을 쓰십시오.	1	100	30
합계		101	300	120

1. 듣기

첫 번째 부분은 총 10 개의 문제로 구성되어 있다. 각 문제마다 한 번씩 들을 수 있고

梦想中国语 医学汉语 MCT

문제마다 한 개의 짧은 이야기와 한 개의 문장을 들을 수 있으며 시험지에도 이 문장이 있다. 수험생들은 문장의 내용과 짧은 이야기의 내용이 일치하는지 판단해야 한다.

두 번째 부분은 총 10개의 문제로 구성되어 있다. 각 문제마다 한 번씩 들을 수 있고 문제마다 한 번의 대화와 한 개의 문제를 들을 수 있으며 시험지에는 4개의 예시가 있다. 수험생들은 들은 내용에 따라 정답을 선택해야 한다.

세 번째 부분은 총 10개의 문제로 구성되어 있다. 각 문제마다 한 번씩 들을 수 있고 문제마다 4~5개의 대화와 한 개의 문제를 들을 수 있으며 시험지에는 4개의 예시가 있다. 수험생들은 들은 내용에 따라 정답을 선택해야 한다.

네 번째 부분은 총 10개의 문제로 구성되어 있다. 각 문제마다 한 번씩 들을 수 있고 이 부분은 한 개의 단문과 2~3개의 문제가 있으며 시험지에는 문제마다 4개의 예시가 있다. 수험생들은 들은 내용에 따라 정답을 선택해야 한다.

2.   읽기

첫 번째 부분은 총 10개의 문제로 구성되어 있다. 이 부분은 세 개의 단락으로 구성되어 있는데, 매 단락 안에는 3~4개의 공백이 있고, 그 공백에는 한 개의 단어를 넣어야 하며, 각 공백에는 네 개의 예시가 있다. 수험생들은 그 중에서 정답을 선택해야 한다.

두 번째 부분은 총 10개의 문제로 구성되어 있다. 문제마다 한 단락의 글이 있으며 수험생들은 네 개의 예시 중에서 이 단락의 문자와 일치하는 문항을 선택해야 한다.

세 번째 부분은 총 10개의 문제로 구성되어 있다. 이 부분에는 실용적 자료 3개 (검사표, 병력 등 포함)가 있다. 자료마다 3~4개의 문제가 있는데, 수험생들은 각 문제의 네 개의 예시 중에서 정답을 선택해야 한다.

네 번째 부분은 총 20개의 문제로 구성되어 있다. 이 부분에는 5편의 단문이 있고 편마다 4개의 문제가 있으며 수험생들은 각 문제 4개의 예시 중에서 정답을 선택해야 한다.

3. 쓰기

수험생은 먼저 한 편의 500자 정도의 대화를 읽어야 하며 자료에 따라 그 중의 주요 정보를 찾아 차트 작성을 완성해야 한다.

三. 시험 용도

의학 중국어 능력 시험 (MCT)은 다원적인 수요를 만족시킬 수 있다.

1. 의학 대학, 병원에서 제1언어가 비 중국어의 사람들이 중국어로 일상 근무하는 능력을 평가하는 데에 참고 표준을 제공할 수 있다. 시험 성적은 선발, 채용의 참고 의거 자료가 될 수 있다. 또한 의학 대학에서 반편성 강의, 학점 수여, 실습과 견습의 기회를 제공하는 중요한 의거 자료가 될 수 있다.

2. 교사에게 권위적이고 통일적이며 작업 가능한 교수 지도를 제공할 수 있고 교수 성과를 점검하는 데에 중요한 참고 자료를 제공할 수 있다.

3. 학습자가 자신의 의학 중국어 응용 능력을 알고 어떤 부분을 향상시킬 수 있는지에 대한 참고 자료를 제공할 수 있다.

四. 성적 보고

의학 중국어 능력 시험(MCT)은 한 회당 3급으로 나누어지고 성적 보고서는 듣기, 읽기, 쓰기와 총점 4가지 점수를 제공하며 만점은 300점이다. 시험 점수에 따라 능력 등급을 판정하고 등급별 대응 점수 범위는 다음 표와 같다.

점수 범위	등급
100-149	1급
150-199	2급
200-300	3급

시험이 끝난 한 달 후에는 수험생들이 중국어 시험 서비스넷 (www.chinesetest.cn)에서 성적을 조회할 수 있다. MCT 성적 보고서는 교육부 중외언어교류합작센터에서 발급하며 성적은 시험일부터 3년 내에 유효하다.

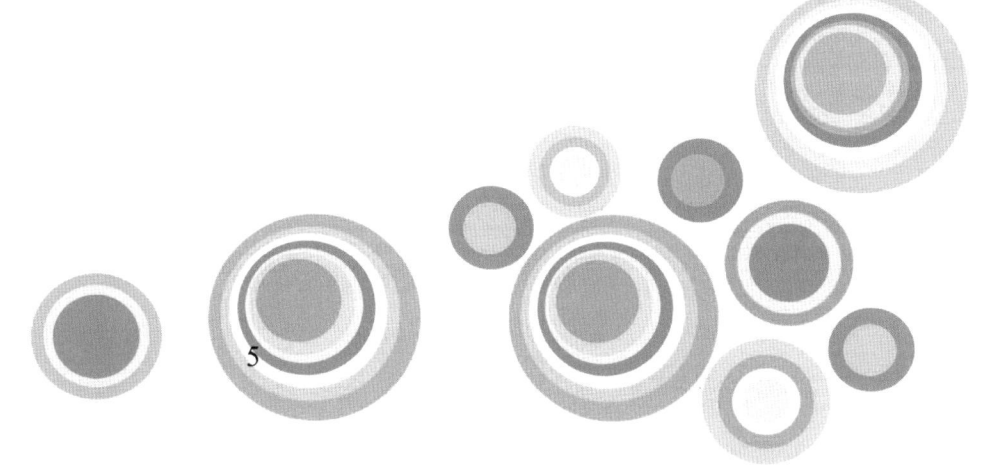

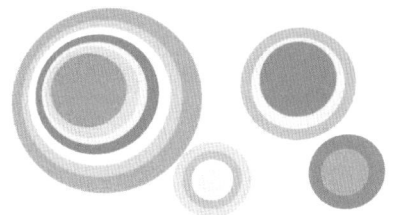

1 医学汉语水平考试介绍

医学汉语水平考试（MCT）是一项考查医学汉语应用水平的标准化语言测试，由教育部中外语言交流合作中心、汉考国际联合国内五所重点医学院校共同研制。医学汉语水平考试（MCT）主要面向医学专业留学生、在中国境外用汉语进行医学专业学习的学生，以及在中国境内外用汉语进行临床诊疗的汉语非第一语言的医护工作人员等，考查其在医学/医疗场景中与患者、医护人员及相关人员用汉语进行交际的能力。

一．能力描述

MCT 一级：能够大体理解与医院日常交际场景相关的、基本的语言材料。能够就病情进行简单的交流与沟通，能对疾病的基本情况进行简单描述。汉语水平能够基本满足医院实习的要求。医学专业词汇量为400左右。

MCT 二级：能够基本理解与医院日常交际场景相关的、较为具体的语言材料。能够就病情进行较为复杂的交流与沟通，能对疾病的主要情况进行较为具体的描述。汉语水平能够总体满足医院实习的要求。医学专业词汇量为800左右。

MCT 三级：能够完全理解与医院日常交际场景相关的绝大部分语言材料。能够就病情进行复杂的交流与沟通，能对疾病的整体情况进行详细描述。汉语水平能够完全满足医院实习的要求。医学专业词汇量为1500左右。

二．考试内容

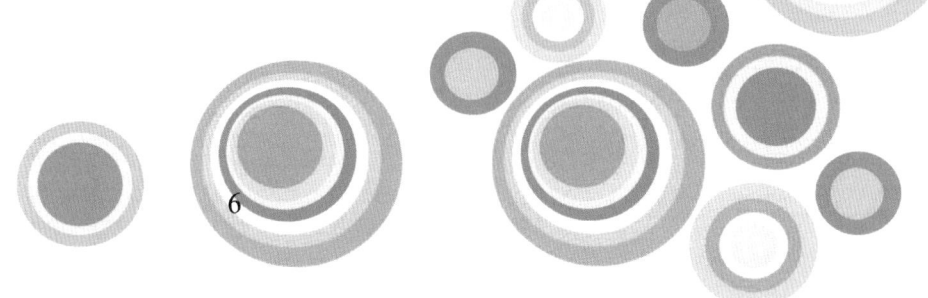

医学汉语水平考试（MCT）试卷分听力、阅读和写作三部分，全卷共31题，考试时间约125分钟（含考生填写个人信息时间5分钟）。各部分题型、题量、分数及考试时间等见下表。

试卷结构	题型	题量（个）	分数	时间（分钟）
听力	听句子，判断对错。	10	100	约35
	听对话，选择正确答案。	10		
	听对话，选择正确答案。	10		
	听短文，选择正确答案。	20		
填写答题卡（将听力部分的答案填涂到答题卡上）				5
阅读	选择正确的词填空。	10	100	50
	阅读语段，选择与语段意思一致的一项。	10		
	阅读材料，选择正确答案。	10		
	阅读短文，选择正确答案。	10		
写作	根据一段长对话写门诊病历记录。	1	100	30
总计		101	300	120

注：听力合计50题，阅读合计50题。

1.听力

第一部分，共10题。每题听一次，每题会听到一小段话和一个句子，试卷上也会有这个句子，考生要判断句子内容与一小段话的内容是否一致。

第二部分，共10题。每题听一次，每题会听到一个对话和一个问题，试卷上有四个选项，考生根据听到的内容选出答案。

第三部分，共10题。每题听一次，每题会听到四到五句对话和一个问题，试卷上有四个选项，考生根据听到的内容选出答案。

第四部分，共20题。每题听一次，这部分试题是一段短文和两到三个问题，试卷上每题有四个选项，考生根据听到的内容选出答案。

2. 阅读

第一部分，共10题。这部分有三段文字，每段文字中有三到四处空白，空白处应填入一个词语，每处空白有四个选项，考生要从中选出答案。

第二部分，共10题。每题有一段文字，考生要从四个选项中选出与这段文字内容一致的一项。

第三部分，共10题。这部分有三篇实用性材料（包括检查单、病历等），每篇材料有三至四个问题，考生要从每题四个选项中选出答案。

第四部分，共20题。这部分有五篇短文，每篇短文有四个问题，考生要从每题四个选项中选出答案。

3. 写作

考生要先阅读一篇500字左右的对话，根据材料提取其中的关键信息，完成病历的书写。

三．考试用途

医学汉语水平考试(MCT)可以满足多元需求：

1. 为医学院校、医院评价第一语言非汉语者运用汉语进行日常工作的能力提供参考标准，考试成绩可作为选拔、录用的参考依据，也可作为医学院校分班授课、学分授予、提供实习和见习机会的重要依据。

2.为教师提供权威的、统一的、可操作的教学指导,为检测教学成果提供重要参考。

3.为学习者了解、提升自身的医学汉语应用能力提供参考依据。

四．成绩报告

医学汉语水平考试(MCT)一试三级,成绩报告提供听力、阅读、写作和总分四个分数,满分300分。根据考试得分判定能力等级,各级别对应分数范围见下表。

分数范围	等级
100-149	一级
150-199	二级
200-300	三级

考试结束后一个月,考生可登录汉语考试服务网(www.chinesetest.cn)查询成绩。MCT成绩报告由教育部中外语言交流合作中心颁发,成绩自考试日起三年内有效。

2 의학 중국어 능력 시험 등급 기준

一. 의학 중국어 능력에 대한 총체적 설명

등급 구분	총체적 설명
1급	병원에서의 일상적인 교류 장면과 관련된 기본적인 언어 자료를 대체적으로 이해할 수 있다. 병세에 대해 간단한 의사 소통을 할 수 있고 질병의 기본 상황을 간단하게 묘사할 수 있다. 중국어 수준은 기본적으로 병원의 실습 요구를 만족시킬 수 있다. 의학 전문 어휘량은 400여 개이다.
2급	병원에서의 일상적인 교류 장면과 관련된 구체적인 언어 자료를 기본적으로 이해할 수 있다. 병세에 대해 비교적 복잡한 의사 소통을 할 수 있고 질병의 주요 상황에 대해 비교적 구체적으로 묘사할 수 있다. 중국어 수준은 총체적으로 병원의 실습 요구를 만족시킬 수 있다. 의학 전문 어휘량은 800여 개이다.
3급	병원에서의 일상적인 교류 장면과 관련된 대부분의 언어 자료를 완전히 이해할 수 있다. 병세에 대해 복잡한 의사 소통을 할 수 있고 질병의 전반적인 상황을 자세하게 묘사할 수 있다. 중국어 수준은 병원의 실습 요구를 완전히 만족시킬 수 있다. 의학 전문 어휘량은 1500여 개이다.

二. 의학 중국어 구두 이해 능력(듣기)

등급	능력 설명	임무 예시

1급	병원에서의 일상적인 교류 상황과 관련된 기본적인 짧은 회화나 이야기를 대체적으로 알아들을 수 있다. 질병의 증상에 대한 간단한 설명과 병례 보고에 대한 기본 내용을 대체적으로 이해할 수 있다.	간단한 증상 설명 듣기 기본 진단 듣기 의사의 지령 듣기
2급	병원에서의 일상적인 교류 상황과 관련된 표준적인 명확한 대화나 이야기를 기본적으로 이해할 수 있다. 질병 증상에 대한 비교적 구체적인 설명과 병례 보고에 대한 주요 내용을 기본적으로 이해할 수 있다.	증강 설명 듣기 진단 근거 듣기 치료 방안 듣기
3급	병원의 일상적인 교류 상황에서 타인의 말하는 속도가 정상적이고 말이 또렷한 대화나 이야기를 알아들을 수 있고 그 말의 중점이나 의도를 이해할 수 있다. 질병 증상에 대한 상세한 설명, 병례 보고에 대한 전체 내용 및 관련 토론을 이해할 수 있다.	전문가의 대진 듣기 병례 분석 보고 듣기

三. 의학 중국어 구두 표현 능력(말하기)

등급	능력 설명	임무 예시
1급	병원의 일상적인 교류 상황에서 의학 관련 주제를 가지고 다른 사람들과 간단하게 의사소통할 수 있다. 질병의 기본적인 상황에 대해 간단하게 설명할 수 있다.	간단한 문진하기 기본 진단 설명하기 약품 사용 상황 및 주의 사항 설명하기

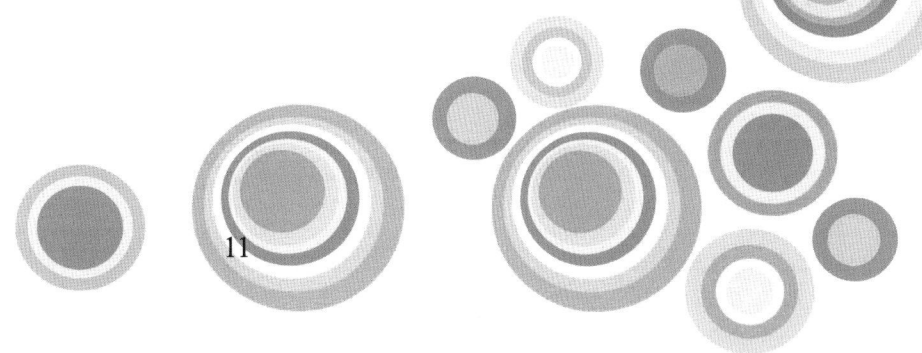

2급	병원의 일상적인 교류 상황에서 의학 관련 주제에 대해 기본적인 교류 전술을 사용하여 다른 사람들과 의사 소통을 할 수 있다. 질병의 주요 상황을 비교적 구체적으로 묘사할 수 있다.	진단 방향 설명하기 처리 원칙 설명하기 병세와 병인 해석하기
3급	병원의 일상적인 교류 상황에서 의학 관련 주제에 대해 다른 사람들과 효과적으로 의사 소통하고 토론할 수 있다. 질병의 전체적 상황을 자세하게 묘사할 수 있다.	병리와 질병 사이의 관계 설명하기 실험실 검사 결과의 임상적 의미 해석하기 질병의 예후 및 예방에 대한

四. 의학 중국어 서면 이해 능력 (읽기)

등급 구분	능력 설명	임무 예시
1급	의학 관련 문자 자료를 대체적으로 읽어 이해할 수 있으며 때로는 기타 수단을 통해 주요 정보를 식별한다.	차트 읽기 의사의 지시 읽기 화학 실험 검사 기록 읽기
2급	의학 관련 문자 정보를 기본적으로 읽어 이해할 수 있으며 주요 내용과 핵심 정보를 얻을 수 있다.	병정 기록 읽기 회진 기록 읽기 퇴원 기록 읽기
3급	의학 관련 문자 자료를 읽어 이해할 수 있으며 요점을 잡고 세세한 것을 파악할 수 있다.	병례 분석 요점 읽기 대진 기록 읽기 퇴원 총결 읽기

五. 의학 중국어 서면 표현 능력 (쓰기)

梦想中国语 医学汉语 MCT

등급 구분	능력 설명	임무 예시
1급	의학/의료 상황에서 질병과 관련된 정보를 간단하게 기록할 수 있고 쓰기가 기본적으로 정확하다.	문진 기록 작성하기 회진 기록 작성하기
2급	의학/의료 상황에서 질병과 관련된 의료 서류를 비교적 구체적으로 작성할 수 있고 어구가 기본적으로 유창하고 표달이 기본적으로 분명하다.	차트 작성하기 의사의 지시 작성하기 병정 기록 작성
3급	의학/의료 상황에서 질병과 관련된 의료 서류를 상세하게 작성할 수 있으며 단어를 알맞게 사용할 수 있고 표현이 유창하며 문맥이 연관된다.	대진 기록 작성하기 병례 분석 보고서 작성하기 퇴원 총결 작성

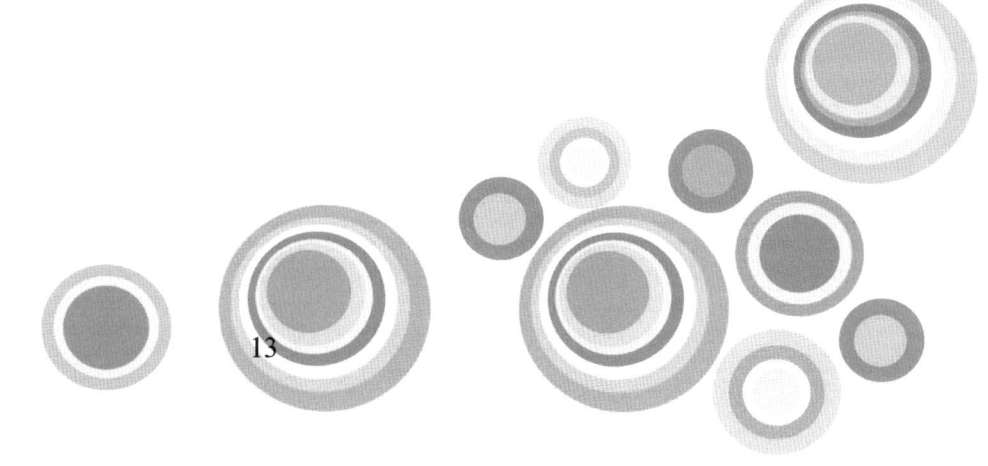

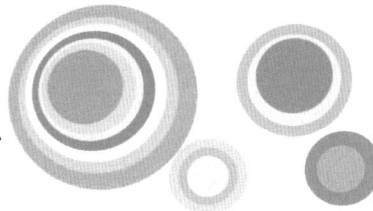

2 医学汉语水平考试等级标准

一. 医学汉语能力总体描述

等级划分	总体描述
一级	能够大体理解与医院日常交际场景相关的、基本的语言材料。能够就病情进行简单的交流与沟通，能对疾病的基本情况进行简单描述。汉语水平能够基本满足医院实习的要求。医学专业词汇量为400左右。
二级	能够基本理解与医院日常交际场景相关的、较为具体的语言材料。能够就病情进行较为复杂的交流与沟通，能对疾病的主要情况进行较为具体的描述。汉语水平能够总体满足医院实习的要求。医学专业词汇量为800左右。
三级	能够完全理解与医院日常交际场景相关的绝大部分语言材料。能够就病情进行复杂的交流与沟通，能对疾病的整体情况进行详细描述。汉语水平能够完全满足医院实习的要求。医学专业词汇量为1500左右。

二. 医学汉语口头理解能力（听）

等级划分	能力描述	任务举例
一级	能够大体听懂与医院日常交际场景相关的、基本的简短会话或交谈。能够大体理解对疾病症状的简单描述	听简单的症状描述

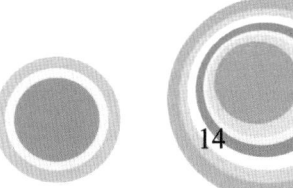

等级划分	能力描述	任务举例
二级	能够基本听懂与医院日常交际场景相关的、标准的、清晰的对话或交谈。能够基本理解对疾病症状较为具体的描述以及病例汇报的主要内容。	听症状描述 听诊断依据 听治疗方案
三级	能够在医院日常交际环境中听懂他人语速正常、话语清晰的对话或交谈，领悟其话语的重点或意图。能够理解对疾病症状的详细描述、病例汇报的全部内容及相关的讨论。	听专家会诊 听病例分析报告

三．医学汉语口头表达能力（说）

等级划分	能力描述	任务举例
一级	能够在医院日常交际场景中就医学相关话题与他人进行简单的交流与沟通。能够对疾病的基本情况进行简单描述。	简单问诊 说明基本诊断 说明用药情况及注意事项
二级	能够在医院日常交际场景中使用基本交际策略就医学相关话题与他人进行交流与沟通。能够对疾病的主要情况进行较为具体地描述。	说明诊断思路 说明处理原则 解释病情与病因
三级	能够在医院日常交际场景中就医学相关话题与他人进行有效地交流与沟通，并展开讨论。能够对疾病的整体情况进行详细描述。	说明病理与疾病之间的联系 解释实验室检查结果的临床意义 对疾病的预后及预防进行健

四. 医学汉语书面理解能力（读）

等级划分	能力描述	任务举例
一级	能够大体读懂与医学相关的文字材料，有时需借助其他手段识别主要信息。	读病历 读医嘱
二级	能够基本读懂与医学相关的文字材料，获取主要内容和关键信息。	读病程记录 读查房记录
三级	能够读懂与医学相关的文字材料，抓住重点并掌握细节。	读病例分析要点 读会诊记录

五. 医学汉语书面表达能力（写）

等级划分	能力描述	任务举例
一级	能够在医学/医疗场景中简单记录疾病的相关信息，书写基本正确。	写问诊记录 写查房记录
二级	能够在医学/医疗场景中较为具体地书写疾病的相关医疗文件，语句基本通顺，表达基本清楚。	写病历 写医嘱
三级	能够在医学/医疗场景中详细地书写疾病的相关医疗文件，用词恰当，表达通顺，语篇连贯。	写会诊记录 写病例分析报告 写出院小结

3 의학 중국어 능력 시험 화제 요강

一. 의사-의사

1. 문의

  환자의 기본 병세, 전기 치료 상황, 검사 데이터, 진단 결과, 환자 호소 등.

2. 교류

  병정 의사 소통, 병인 분석, 진단 및 감별 진단, 약품 사용 상황, 약품 사용 후 발생할 수 있는 부작용, 치료 효과, 치료 방안 등.

3. 지령

  작업 지령, 치료 지령, 협조 지령 등.

二. 의사-환자

1. 문진

  일반 정보 문의: 성명, 연령, 성별, 결혼 여부, 전화번호, 주소, 의료보험 상황 등.

  보통 병세 문의: 주요 호소, 발병 원인, 환부, 증상 표현 특징 (증상 성질, 발작 빈도, 가중 및 감경 요소, 수반 증상 등), 병정 시간, 진료 과정, 치료 효과, 현재 치료 방안, 다른 만성 병력, 점염 병력, 수술력, 수혈력, 외상력, 과민력, 개인력, 가족 유전력, 혼육력, 월경력 (여성) 등.

  응급 환자 문의: 돌발 병세 문의, 환자 발병 과정, 발병 시 증상, 병증, 과거 병력, 이

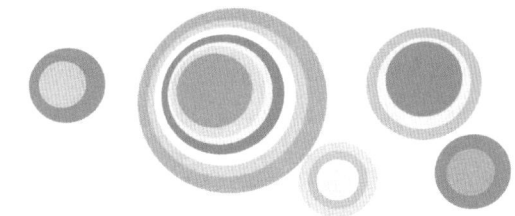

미 처리된 문의 등.

2. 진단

   임상 표현: 일반 내과, 일반 외과, 산부인과, 소아과 등 관련 부서 질병의 전형적인 증상

   진단 결과: 급별 진단 결과 등

   일반 검사: 혈압, 체온, 맥박, 호흡 등

   실험실 검사: 혈액 검사, 소변 검사, 대변 검사, 생화학 검사 등

   영상의학 검사: 핵자기 공명, CT, X-레이, B형 초음파 검사, 핵종 검사, 혈관 조영술 등.

   내시경 검사: 섬유지경, 위내시경, 장위내시경 등

   병리학 검사: 생검

3. 치료

   일상 간호: 보온, 운동, 감정 조절, 음식 금기, 생활습관 등.

   약물 치료: 약품 사용 설명, 금기, 부작용, 약품 사용 후의 화학 분석 지표 주의 등

   입원 치료: 입원 전 자문 소개, 회진 교류, 퇴원 의사 지시 등

   수술 치료: 수술 목적, 방안, 과정, 수술 전과 수술 후 주의 사항 등

   치료 방식: 화학 치료, 방사선 치료, 전염병 격리 치료 등

   치료 방안: 방안 고지 및 토론 등

4. 주요 호소

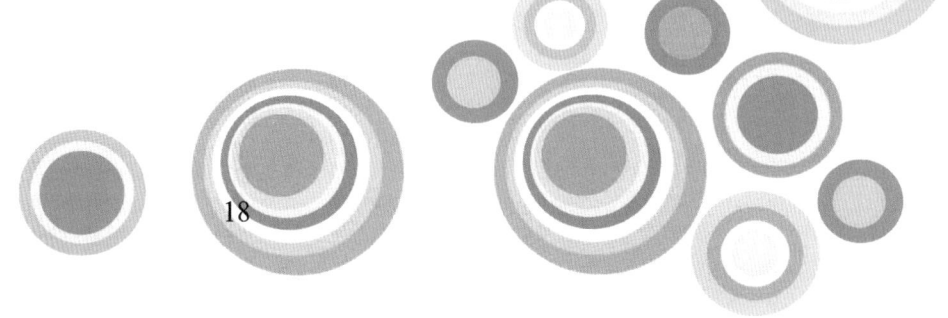

발병 시간, 증세 설명 (두통, 어지러움, 졸도, 발열, 경련 등 환자가 경상적으로 진술하는 증세), 증세 심화 시간 또는 지속 시간 등.

5. 교류

병인과 병세, 약품 사용 치료 상황, 일상적인 주의 사항, 예후 상황, 설득과 위안, 각종 질병의 건강 선교 등.

6. 지령

검열 및 치료: 내과, 외과, 부인과, 소아과, 정형외과, 침구과, 추나과 등 관련 질환에 대한 검사 및 치료 지령

진료 절차: 검사 과실, 수술 치료, 비용 납부 등 진료 절차 중의 지령

三. 의사-간호사

1. 교류

환자 상황의 소통: 수술 상황, 수술 후 회복 상황, 약품 사용 상황, 배뇨배변 상황, 비상사태 병세 전면 묘사, 코위영양관 및 카테터 등의 간호 상황, 침상 환자 욕창 상황 등

2. 지령

검사 사항, 치료 순서, 치료 기간 및 특수한 상황, 간호의 주의 사항, 필요한 기계 약품 등

四. 환자-간호사

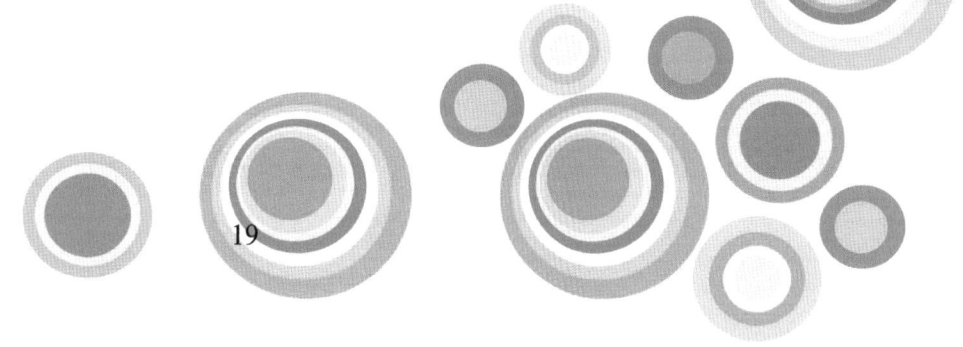

1. 교류

    진찰 전: 등록, 환자 분류, 예약, 진찰 지도, 의사 소개, 비용 납부 등.

    진찰 중: 약품 사용 상황, 병세 회복 상황, 수술 후 주의 사항, 약품 사용 주의 사항, 가족 간호 촉탁, 환자 위안, 간호 특수 요구 등.

2. 지령

    인도, 약품 사용, 주요 시간 타이밍, 문의에 대한 답변, 출입원 수속 처리 등.

3. 자문

    치료 자문, 간호 자문, 후기 자문 등

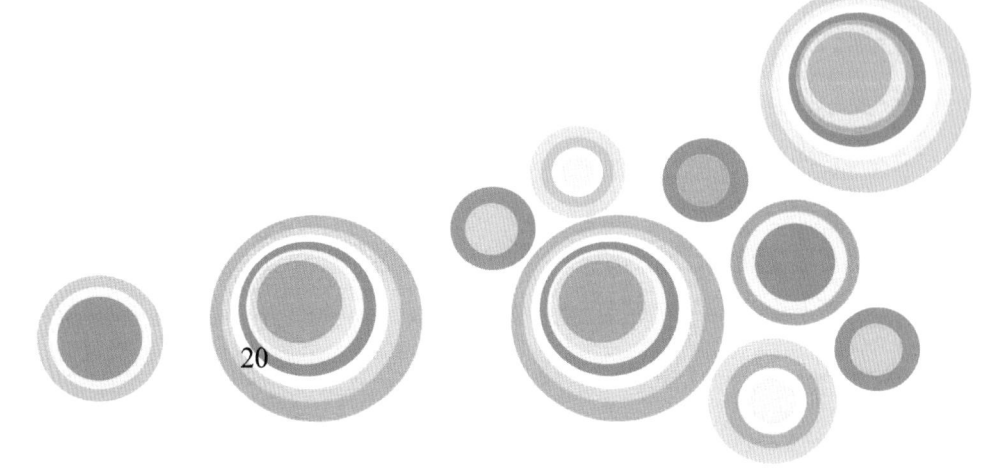

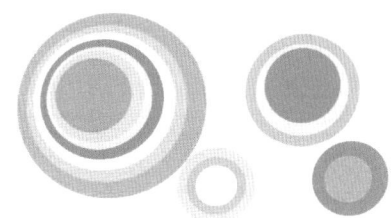

医学汉语水平考试话题大纲

一. 医生-医生

1.询问

患者基本病情、前期治疗情况、检查数据、诊断结果、患者诉求等

2.交流

病程沟通、病因分析、诊断与鉴别诊断、用药情况、用药后可能出现的不良孔反应、治疗效果、治疗方案等

3.指令

操作指令、治疗指令、协助指令等

二. 医生-患者

1.问诊

一般信息问询：姓名、年龄、性别、婚否、电话、地址、医保情况等

普通病情问询：主诉、发病诱因、病位、症状表现特征（症状性质、发作频率、加重及减轻因素、伴随症状等）、病程时间、诊疗经过、治疗效果、目前治疗方案、其它慢性病史、传染病史、手术史、输血史、外伤史、过敏史、个人史、家族遗传史、婚育史、月经史（女性）等

急诊患者问询：突发病情问询、患者发病过程、发病时症状、体征、既往病史、已做处理等

2.诊断

临床表现：普通内科、普通外科、妇产科、儿科等相关科室疾病的典型症状

诊断结果： 分级诊断结果等

常规检查： 血压、体温、脉搏、呼吸等

实验室检查： 血常规、尿常规、便常规、生化检查等

影像学检查： 核磁共振、CT、X光、B超、核素检查、血管造影等

内窥镜检查： 纤支镜、胃镜、肠镜等

病理学检查： 活检

3.治疗

日常护理： 保暖、运动、情绪调节、饮食禁忌、生活作息等

药物治疗： 用药说明、禁忌、不良反应、用药后的化验指标关注等

住院治疗： 住院前咨询介绍、查房交流、出院医嘱等

手术治疗： 手术目的、方案、流程、术前与术后注意事项等

治疗方式： 化疗、放疗、传染病隔离治疗等

治疗方案： 方案告知与讨论等

4.主诉

患病时间、症状描述（头痛、恶心、晕厥、发热、抽搐等病患常述症状）、症状加重时间或者持续时间等

5.交流

病因与病情、用药治疗情况、日常注意事项、预后情况、说服与安慰、各类疾病的健康宣教等

6.指令

检查及治疗： 内科、外科、妇科、儿科、骨科、针灸科、推拿科等相关疾病的检查及治疗指令

就诊程序：检查科室、手术治疗、缴费等就诊程序中的指令

三．医生-护士

1.交流

患者情况沟通：手术情况、术后恢复情况、用药情况、排尿排便情况、紧急状态病情全面描述、鼻饲管及导尿管等护理情况、卧床患者褥疮情况等

2.指令

检查事项、治疗步骤、治疗时间及特殊情况、护理注意事项、所需器械药物等

四．患者-护士

1.交流

就医前：挂号、分诊、预约、就医指导、医生介绍、缴费等

就医中：用药情况、病情恢复情况、术后注意事项、用药注意事项、家属陪护嘱托、安抚患者、护理特殊要求等

2.指令

指引、用药、关键时间节点、解答疑问、办理出入院手续等

3.咨询

就医咨询、护理咨询、后期咨询等

3 의학 중국어 능력 시험 임무 요강

一. 병력 수집

1. 증상 설명, 약품 사용 상황, 지속 시간 등 증세에 대한 설명과 환자의 개인 정보를 알아들을 수 있다.

2. 환자의 개인 정보, 병세, 발병 시간, 발병 완급, 원인, 병력 등 관련 정보를 문의할 수 있다. 다른 사람들에게 환자의 상황을 진술할 수 있다.

3. 병정 기록, 처방, 전진 기록 등 관련 의료 서류를 볼 수 있다.

4. 병력 수집에 대한 서면 자료를 작성할 수 있고 그 자료는 병력, 병세, 환자의 정보 등 내용을 포함한다.

二. 신체 검사

1. 신체 검사 항목에 대한 환자의 문의를 알아들을 수 있다.

2. 검사 작업 절차, 신체 검사 목적을 설명할 수 있다. 특별 검사에 대한 적응증, 금기증 및 주의 사항을 설명할 수 있다. 신체 검사의 지령을 내릴 수 있고 각종 보조 검사 방법을 해석할 수 있다.

3. 영상학 검사, 심전도 검사, 보조 검사 기록 등 실험실 검사 항목 및 결과를 볼 수 있다.

4. 영상학 검사, 심전도 검사, 체액 검사 등 각종 실험실 검사 프로그램 신청서를 작성할 수 있고 검사 결과를 기록할 수 있다.

三. 질병 진단

1. 질병의 각종 정보를 알아들을 수 있고 그 정보에는 병례 보고, 병정 설명, 병리 분형 등이 포함된다.

2. 발병 과정, 약품 사용 상황, 병리 변화 과정, 치료 상황 등을 문의할 수 있다. 실험실 검사 결과의 임상적 의의, 진단 근거, 진단 방향, 특수 방호 및 격리의 필요성 등을 설명할 수 있다.

3. 실험실 검사 내용 및 결과, 병정 기록, 병례 분석 보고서 등 의료 서류를 볼 수 있다.

4. 환자의 병세 보고서를 작성할 수 있고 그 보고서는 문진 상황 및 실험실 검사 결과 등을 포함한다.

四. 임상 작업

1. 증상 설명, 발병 메커니즘, 검사 결과 분석, 작업 지령 등을 알아들을 수 있다.

2. 진단 의거, 처리 원칙, 치료 방안, 주의 사항, 특수 수술 전의 준비 및 수술 원칙 등을 설명할 수 있다.

3. 보고 카드, 대진 기록, 퇴원 총결, 수술 기록, 사망 기록 등 관련 의료서류를 볼 수 있다.

4. 처방, 입원 기록, 회진 기록, 병례 분석 보고서, 퇴원 총결 등 관련 의료 서류를 작성할 수 있다.

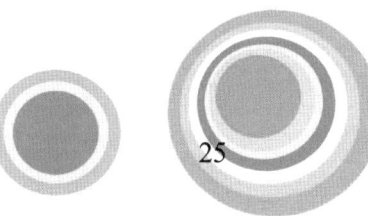

五. 치료 방안 논의

1. 질병 치료 방법, 치료 효과 등에 대한 문의와 설명을 알아들을 수 있다.

2. 병세의 발전, 병리와 질병 사이의 관계, 약품 사용 상황 및 주의 사항 등을 설명할 수 있고, 치료 원칙과 방법, 치료 기대 효과, 의료 리스크 및 주의 사항 등을 설명할 수 있다. 특별한 질환에 대해 전문가와 회진하고 광범위한 의견 청취하며 공동적으로 치료 방안을 논의할 수 있다.

3. 질병의 각종 설명에 관한 자료를 볼 수 있고, 질병의 여러 가지 치료 방안, 치료 효과 등을 알 수 있다.

4. 치료 방안, 대진 기록, 수술 기록 등 관련 의료 서류를 작성할 수 있다.

六. 진료 계획 수립

1. 진료 계획에 대한 문의와 설명을 알아들을 수 있다.

2. 진료 계획의 기본 맥락, 진료 방식, 주기적 배치, 주의 사항 등을 설명할 수 있다.

3. 질병과 관련된 진료 계획 등 서류를 볼 수 있다.

4. 진료 계획, 병세 분석 보고서 등 관련 의료 문서를 작성할 수 있다.

七. 질병 예방

1. 질병 예방, 의학 보건, 의학 상식 등에 대한 문의 및 소개를 알아들을 수 있다.

2. 질병 및 합병증의 증상, 위해, 예방, 처리, 질병의 전파 경로 및 병의 발전을 설명할 수 있고, 질병의 예방 및 예후에 대해 건강 교육을 할 수 있다.

3. 질병 예방 홍보 수첩 등 서류를 볼 수 있다.

4. 흔한 질병 예방 조언, 일상적인 방호 주의 사항 등을 작성할 수 있다.

八. 인간관계

1. 병원에서의 일상적인 장면과 관련된 회화나 이야기를 알아들을 수 있다.

2. 관련 정보 및 병세에 대해 문의할 수 있고 각항 지령 및 치료 건의를 표현할 수 있다.

3. 병원의 일상적인 인간관계 장면에서의 힌트, 표시 등 문자 자료를 볼 수 있다.

4. 병원의 일상적인 관계 다루기 장면에서의 관련 문자 자료를 작성할 수 있고 그 자료는 의사의 지시 등을 포함한다.

4 医学汉语水平考试任务大纲

一．病史采集

1.能听懂症状描述、用药情况、持续时间等关于病情的说明及患者个人信息。

2.能询问患者的个人信息、病情、发病时间、发病缓急、诱因、病史等相关信息；能向他人陈述患者情况。

3.能看懂病程记录、处方、转诊记录等相关医疗文件。

4.能书写病史采集的书面材料，包括病史、病情、患者信息等内容。

二．体格检查

1.能听懂患者对体检项目的相关问询。

2.能说明检查操作流程、体检目的；能介绍特殊检查的适应症、禁忌症及注意事项等；能发出体检指令，解释各种辅助检查方法。

3.能看懂影像学检查、心电图检查、辅助检查记录等实验室检查项目及结果。

4.能书写影像学检查、心电图检查、体液检查等各项实验室检查项目申请单，并记录检查结果。

三．疾病诊断

1.能听懂疾病的各类信息，包括病例汇报、病程说明、病理分型等。

2.能询问发病过程、用药情况、病变过程、治疗情况等；能说明实验室检查结果的临床意义、诊断依据、诊断思路、特殊防护与隔离的必要性等。

3.能看懂实验室检查内容及结果、病程记录、病例分析报告等医疗文件。

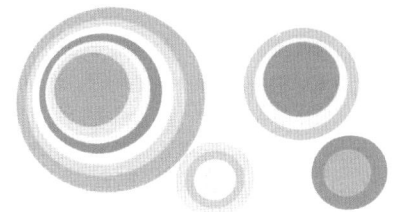

4.能书写患者病情报告，包括问诊情况及实验室检查结果等。

四．临床操作

1.能听懂症状描述、发病机理、检查结果分析、操作指令等。

2.能说明诊断依据、处理原则、治疗方案、注意事项、特殊术前准备以及手术原则等。

3.能看懂报告卡、会诊记录、出院小结、手术记录、死亡记录等相关医疗文件。

4.能书写处方、入院志、查房记录、病例分析报告、出院小结等相关医疗文件。

五．治疗方案商讨

1.能听懂关于疾病治疗手段、治疗效果等方面的问询与说明。

2.能介绍病情发展、病理与疾病之间的联系、用药情况及注意事项等，说明治疗原则与方法、治疗预期效果、医疗风险及注意事项等；能就特殊疾病与专家会诊、广泛征求意见，共同商讨治疗方案。

3.能看懂各类疾病介绍的相关资料，了解疾病的多种治疗方案、治疗效果等。

4.能书写治疗方案、会诊记录、手术记录等相关医疗文件。

六．诊疗计划制订

1.能听懂对诊疗计划的相关问询与说明。

2.能说明诊疗计划的基本思路、诊疗方式、周期安排、注意事项等。

3.能看懂相关疾病的诊疗计划等文件。

4.能书写诊疗计划、病情分析报告等相关医疗文件。

七．疾病预防

1.能听懂疾病预防、医学保健、医学常识等方面的问询与介绍。

2.能说明疾病及并发症的症状、危害、预防、处理、疾病传播途径及病情发展，对疾病的预防及预后进行健康宣教。

3.能看懂疾病预防宣传手册等文件。

4.能书写常见疾病的预防建议、日常防护注意事项等。

八．人际交往

1.能听懂与医院日常交际场景相关的会话或交谈。

2.能询问相关信息及病情，表达各项指令及治疗建议等。

3.能看懂医院日常交际场景中的提示语、标识等文字材料。

4.能书写医院日常交际场景中的相关文字材料，包括医嘱等。

5 MCT (의학 중국어 능력 시험) 단어집

No.	중국어	병음	한국어
1	阿米巴病	Ā mǐ bā bìng	아메바성 감염
2	阿司匹林	āsīpǐlín	아스피린
3	癌变	áibiàn	암으로 변하다
4	癌症	áizhèng	암
5	艾滋病	àizībìng	에이즈
6	嗳气	àiqì	트림
7	安慰	ānwèi	위로하다
8	氨基转移酶（转氨酶）	ānjī zhuǎnyí méi (zhuǎn'ānméi)	트랜스아미나제
9	按摩	ànmó	마사지
10	B型超声（B超）	B xíng chāoshēng (B chāo)	B형 초음파
11	疤	bā	흉터
12	拔牙术	báyá shù	발치 수술
13	白斑	báibān	백반
14	白癜风	bái diān fēng	백전풍
15	白喉	báihóu	디프테리아
16	白化病	báihuàbìng	백화병
17	白沫	báimò	흰 거품

18	白内障	báinèizhàng	백내장
19	白细胞	báixìbāo	백혈구
20	白血病	báixuèbìng	백혈병
21	白质	báizhì	백질
22	百日咳	bǎirìké	백일해
23	败血症	bàixuèzhèng	패혈증
24	斑	bān	기미
25	板状腹	bǎnzhuàngfù	플레이트 배
26	办理	bànlǐ	처리하다
27	半数致死量	bànshù zhìsǐliàng	반수 치사량
28	半衰期	bànshuāiqī	반감기
29	半月板	bànyuèbǎn	반월판
30	伴随	bànsuí	따르다
31	伴有	bànyǒu	수반한다
32	包括	bāokuò	포함하다
33	包扎	bāozā	동여매다
34	薄	báo	얇다
35	保持	bǎochí	유지하다
36	保健	bǎojiàn	보건

37	保守	bǎoshǒu	보수적이다
38	保险	bǎoxiǎn	보험
39	保养	bǎoyǎng	보양
40	报告	bàogào	보고
41	暴饮暴食	bàoyǐn-bàoshí	과식
42	悲观	bēiguān	비관
43	背部	bèibù	배부
44	奔马律	bēnmǎlǜ	말달림심장음
45	贲门失弛缓症	bēnmén shīchíhuǎnzhèng	식도이완불능증
46	苯丙酮尿症	běnbǐngtóngniàozhèng	페닐케톤뇨증
47	绷带	bēngdài	붕대
48	鼻旁窦	bípángdòu	부비강
49	鼻涕	bítì	콧물
50	鼻咽癌	bíyān'ái	비인암
51	比例	bǐlì	비율
52	必需氨基酸	bìxū ānjīsuān	필수 아미노산
53	必要	bìyào	필요하다
54	闭经	bìjīng	폐경
55	避免	bìmiǎn	피하다

56	避孕	bìyùn	피임
57	臂	bì	팔
58	边界	biānjiè	경계
59	边缘	biānyuán	가장자리
60	扁平苔藓	biǎnpíng táixiǎn	편평태선
61	扁桃体炎	biǎntáotǐyán	편도염
62	变态反应	biàntài fǎnyìng	알러지화
63	变应原	biànyìngyuán	알레르겐
64	变质	biànzhí	변질
65	便秘	biànmì	변비
66	便血	biànxiě	변혈
67	遍布	biànbù	분포하다
68	标本	biāoběn	표본
69	标记	biāojì	기호
70	表面	biǎomiàn	표면
71	表现	biǎoxiàn	표현
72	憋	biē	참다
73	并发症	bìngfāzhèng	합병증
74	病案室	bìng'ànshì	병록실

75	病程	bìngchéng	병의 경과
76	病毒	bìngdú	바이러스
77	病理	bìnglǐ	병리
78	病历	bìnglì	병력
79	病例	bìnglì	병례
80	病史	bìngshǐ	병사
81	病危/重	bìngwēi/zhòng	병세 위급
82	病因	bìngyīn	병인
83	病原	bìngyuán	병원
84	脖子	bózi	목
85	不孕	búyùn	불임
86	补充	bǔchōng	보충하다
87	补救	bǔjiù	구제하다
88	补体	bǔtǐ	보체
89	补液	bǔyè	드링크제
90	哺乳	bǔrǔ	포유
91	不饱和脂肪酸	bùbǎohé zhīfángsuān	불포화 지방산
92	不良	bùliáng	불량
93	不详	bùxiáng	미상

94	不足	bùzú	부족
95	步骤	bùzhòu	순서
96	部位	bùwèi	부위
97	肠套叠	chángtàodié	장중첩증
98	肠系膜	chángxìmó	장간막
99	肠易激综合征	cháng yìjī zònghézhēng	과민성 대장 증후군
100	场所	chǎngsuǒ	장소
101	超敏反应	chāomǐn fǎnyìng	과민성반응
102	潮湿	cháoshī	눅눅하다
103	彻底	chèdǐ	철저히
104	沉默	chénmò	침묵하다
105	晨僵	chénjiāng	신강
106	成分	chéngfèn	성분
107	成人	chéngrén	성인
108	成熟	chéngshú	성숙
109	承担	chéngdān	담당하다
110	承受	chéngshòu	감당하다
111	程度	chéngdù	정도
112	吃力	chīlì	힘들다

113	迟钝	chídùn	둔하다
114	迟缓	chíhuǎn	느리다
115	持续	chíxù	계속하다
116	尺骨	chǐgǔ	척골
117	耻骨联合	chǐgǔ liánhé	치골 결합
118	冲服	chōngfú	타서 복용하다
119	充分	chōngfèn	충분히
120	充满	chōngmǎn	가득차다
121	充盈缺损	chōngyíng quēsǔn	음영결손
122	虫/蛀牙	chóng/zhùyá	충치
123	宠物	chǒngwù	애완동물
124	抽搐	chōuchù	경련하다
125	臭	chòu	구리다
126	初步	chūbù	초보
127	初产妇	chūchǎnfù	초산부
128	初乳	chūrǔ	초유
129	处方	chǔfāng	처방전
130	处理	chǔlǐ	처리하다
131	处女膜	chǔnǚmó	처녀막

132	处置	chǔzhì	처치하다
133	杵状指/趾	chǔzhuàngzhǐ/zhǐ	저상지
134	触觉语颤	chùjué yǔchàn	촉감진탕음
135	触诊	chùzhěn	촉진
136	穿刺术	chuāncìshù	천자술
137	穿孔	chuānkǒng	천공
138	传播	chuánbò	전파하다
139	传导阻滞	chuándǎo zǔzhì	전도차단
140	传染	chuánrǎn	전염하다
141	喘气	chuǎnqì	숨쉬다
142	喘息	chuǎnxī	천식
143	创伤	chuāngshāng	상처
144	垂体	chuítǐ	뇌하수체
145	雌激素	cíjīsù	에스트로겐
146	雌酮	cítóng	에스트론
147	刺激	cìjī	자극
148	粗糙	cūcāo	거칠다
149	卒中	cùzhòng	졸중
150	促红细胞生成素	cù hóngxìbāo shēngchéngsù	적혈구조혈인자

151	促进	cùjìn	촉진하다
152	促胃肠动力药	cù wèicháng dònglìyào	위장관운동촉진제
153	促性腺激素	cù xìngxiàn jīsù	생식선자극호르몬
154	猝死	cùsǐ	졸사
155	催乳素	cuīrǔsù	프로락틴
156	挫裂伤	cuòlièshāng	좌상
157	措施	cuòshī	조치
158	搭配	dāpèi	배합하다
159	达到	dádào	이루다
160	打嗝	dǎgé	딸꾹질하다
161	打喷嚏	dǎ pēntì	재채기하다
162	大便	dàbiàn	대변
163	大肠肝菌	dàcháng gǎnjùn	대장균
164	代替	dàitì	대신
165	代谢性酸中毒	dàixièxìng suān zhòngdú	대사성산증
166	丹毒	dāndú	단독
167	单纯	dānchún	단순하다
168	单核细胞	dānhé xìbāo	단핵 세포
169	单克隆抗体	dānkèlóng kàngtǐ	단일클론성항체

170	单位	dānwèi	단위
171	耽误	dānwù	지체하다
172	胆道蛔虫	dǎndào huíchóng	담도 회충증
173	胆固醇	dǎngùchún	콜레스테롤
174	胆红素	dǎnhóngsù	빌리루빈
175	胆囊	dǎnnáng	담낭
176	胆石病	dǎnshíbìng	담석증
177	胆汁	dǎnzhī	담즙
178	胆汁酸	dǎnzhīsuān	담즙산
179	胆总管	dǎnzǒngguǎn	총담관
180	蛋白质	dànbáizhì	단백질
181	氨质血症	ānzhìxuèzhèng	질소혈증
182	导尿术	dǎoniàoshù	도뇨술
183	导泻	dǎoxiè	설사제
184	导致	dǎozhì	초래하다
185	登记	dēngjì	등록하다
186	等候	děnghòu	기다리다
187	等渗性缺水	děngshènxìng quēshuǐ	등장성 탈수
188	等张溶液	děngzhāngróngyè	등장액

189	低蛋白血症	dīdànbáixuèzhèng	저단백혈증
190	低密度脂蛋白	dīmìdù zhīdànbái	저밀도지단백
191	低钠血症	dīnàxuèzhèng	저나트륨혈증
192	低渗性缺水	dīshènxìng quēshuǐ	저장성 탈수증
193	低氧血症	dīyǎngxuèzhèng	저산소증
194	滴	dī	방울
195	滴虫阴道炎	dīchóng yīndàoyán	질염
196	骶骨	dǐgǔ	천골
197	蒂	dì	꼭지
198	癫痫	diānxián	지랄병
199	典型	diǎnxíng	전형
200	碘剂	diǎnjì	요오드 액
201	电除颤	diànchúchàn	제세동
202	电复律	diànfùlǜ	부정맥 치료
203	电击	diànjī	전격
204	电解质	diànjiězhì	전해질
205	淀粉酶	diànfěnméi	디아스타아제
206	耵聍	dīngníng	귀지
207	顶叶	dǐngyè	두정엽

208	定期	dìngqī	정기
209	动脉	dòngmài	동맥
210	动脉导管未闭	dòngmài dǎoguǎn wèi bì	동맥관 개존증
211	动物模型	dòngwù móxíng	동물 모형
212	动眼神经	dòngyǎn shénjīng	동안 신경
213	动作电位	dòngzuò diànwèi	활동전위
214	动作性震颤	dòngzuòxìng zhènchàn	활동진전
215	冻僵	dòngjiāng	얼어붙다
216	冻伤	dòngshāng	동상
217	窦房结	dòufángjié	동방결절
218	堵塞	dǔsè	막히다
219	端坐呼吸	duānzuò hūxī	좌위호흡
220	短肠综合征	duǎncháng zònghézhēng	단장증후군
221	断端	duànduān	잘린끝
222	堆积	duījī	쌓이다
223	对症治疗	duìzhèng zhìliáo	대증치료
224	多胞胎	duōbāotāi	다포태
225	多发性	duōfāxìng	다발성
226	多囊卵巢综合征	duōnáng luǎncháo zònghézhēng	다낭성난소증후군

227	鹅口疮	ékǒuchuāng	아구창
228	额叶	éyè	전두엽
229	恶心	ěxīn	어지럽다
230	恶化	èhuà	악화되다
231	恶露	èlù	오로
232	儿茶酚胺	ércháfēn'àn	카테콜아민
233	耳聋	ěrlóng	난청
234	耳鸣	ěrmíng	이명
235	耳蜗	ěrwō	와우각
236	二尖瓣关闭不全	èrjiānbàn guānbì bù quán	승모판폐쇄부전
237	发病机制	fābìng jīzhì	발병기전
238	发抖	fādǒu	떨다
239	发绀	fāgàn	청색병
240	发热	fārè	발열
241	发炎	fāyán	염증
242	发育	fāyù	발육
243	发作	fāzuò	발작하다
244	乏力	fálì	핍력
245	烦躁不安	fánzào bù'ān	초조하고 불안해하다

246	繁殖	fánzhí	번식하다
247	反常	fǎncháng	이상하다
248	反而	fǎn'ér	오히려
249	反复	fǎnfù	반복하다
250	反射	fǎnshè	반사하다
251	反酸	fǎnsuān	반산
252	反跳痛	fǎntiàotòng	반도통
253	反应	fǎnyìng	반응
254	范围	fànwéi	범위
255	方案	fāng'àn	방안
256	门诊	ménzhěn	택진
257	防御	fángyù	방어하다
258	防止	fángzhǐ	방지하다
259	防治	fángzhì	예방 치료하다
260	房间隔	fángjiāngé	심방중격
261	房室结	fángshìjié	방실결절
262	放大	fàngdà	확대하다
263	放射	fàngshè	방사하다
264	腓骨	féigǔ	비골

265	肺不张	fèibùzhāng	무기폐
266	肺大疱	fèidàpào	폐기포
267	肺动脉瓣	fèidòngmàibàn	폐동맥판
268	肺活量	fèihuóliàng	폐활량
269	肺门	fèimén	폐문
270	肺气肿	fèiqìzhǒng	폐기종
271	肺纹理	fèiwénlǐ	폐 무늬
272	肺性胸病	fèixìng xiōngbìng	폐성뇌증
273	肺炎链球菌	fèiyán liànqiújùn	폐렴 연쇄상구균
274	肺源性心脏病（肺心病）	fèiyuánxìng xīnzàngbìng (fèixīnbìng)	폐심증
275	费用	fèiyòng	비용
276	分布	fēnbù	분포
277	分化	fēnhuà	분화
278	分裂	fēnliè	분열
279	分泌	fēnmì	분비
280	分娩	fēnmiǎn	분만
281	分析	fēnxī	분석
282	分型	fēnxíng	분형
283	粉末	fěnmò	분말

284	粪便隐血试验（FOBT）	fènbiàn yǐnxuè shìyàn (FOBT)	대변 잠혈검사
285	风湿病	fēngshībìng	류머티즘
286	风湿热	fēngshīrè	류마티스 열
287	风险	fēngxiǎn	위험
288	缝合术	fénghéshù	봉합수술
289	敷	fū	바르다
290	浮肿	fúzhǒng	부종
291	幅度	fúdù	폭
292	辐射	fúshè	복사
293	辅助	fǔzhù	보조
294	负压吸引术	fùyā xīyǐnshù	진공흡인
295	附件	fùjiàn	첨부 파일
296	复查	fùchá	재검사
297	复发	fùfā	재발
298	复位	fùwèi	복위
299	复诊	fùzhěn	재진
300	副神经	fùshénjīng	부신경
301	副作用	fùzuòyòng	부작용
302	腹部	fùbù	복부

303	腹股沟斜疝	fùgǔgōu xiéshàn	간접 서혜부 탈장
304	腹肌紧张	fùjī jǐnzhāng	복부 근육 긴장
305	腹膜刺激征象	fùmó cìjī zhēngxiàng	복막자극징후
306	腹腔	fùqiāng	복강
307	腹痛	fùtòng	복통
308	腹泻	fùxiè	설사
309	改善	gǎishàn	개선
310	钙	gài	칼슘
311	甘油三酯	gānyóusānzhǐ	트리글리세라이드
312	肝	gān	간
313	肝病面容	gānbìng miànróng	간성 페이스
314	肝颈静脉回流征	gānjǐngjìngmài huíliúzhēng	간경정맥회류증
315	肝门静脉	gānmén jìngmài	간문맥
316	肝素	gānsù	헤파린
317	肝性脑病	gānxìng nǎobìng	간성뇌증
318	肝硬化	gānyìnghuà	간경화증
319	肝掌	gānzhǎng	간장
320	赶紧	gǎnjǐn	빨리
321	感觉器官	gǎnjué qìguān	감각 기관

322	感染	gǎnrǎn	감염하다
323	感染源	gǎnrǎnyuán	감염원
324	干咳	gānké	마른 기침
325	干扰素	gānrǎosù	인터페론
326	干眼	gānyǎn	안구건조증
327	干预	gānyù	간섭
328	干燥	gānzào	건조
329	干活儿	gànhuór	일하다
330	肛管	gāngguǎn	항관
331	肛裂	gāng liè	항문 열상
332	肛瘘	gānglòu	치루
333	肛门	gāngmén	항문
334	高钙血症	gāogàixuèzhèng	고칼슘혈증
335	高钾血症	gāojiǎxuèzhèng	고칼륨혈증
336	高尿酸血症	gāoniàosuānxuèzhèng	고뇨산혈증
337	高渗性缺水	gāoshènxìng quēshuǐ	고장성탈수증
338	高碳酸血症	gāotànsuānxuèzhèng	탄산과잉증
339	高压氧	gāoyāyǎng	고압산소
340	高原病	gāoyuánbìng	고산병

341	睾酮	gāotóng	테스토스테론
342	睾丸	gāowán	불알
343	疙瘩	gēda	흘탑
344	隔离	gélí	격리
345	膈	gé	격
346	个别	gèbié	개별
347	个人史	gèrénshǐ	개인사
348	个体	gètǐ	개체
349	根除	gēnchú	근절하다
350	根治	gēnzhì	근치하다
351	跟腱断裂	gēnjiàn duànliè	아킬레스건 파열
352	梗阻	gěngzǔ	폐색
353	功能	gōngnéng	기능
354	功能失调性子宫出血（功血）	gōngnéng shītiáoxìng zǐgōng chūxuè (gōngxuè)	기능부전성자궁출혈
355	肱二头肌	gōngèrtóujī	상완이두근
356	肱骨	gōnggǔ	상완골
357	肱三头肌	gōngsāntó jī	상완삼두근
358	宫颈举痛	gōngjǐng jǔtòng	자궁경부 운동 압통
359	宫颈糜烂	gōngjǐng mílàn	궁경미란

360	宫内节育器	gōngnèi jiéyùqì	자궁내 피임기구
361	宫腔镜	gōngqiāngjìng	자궁경
362	宫缩	gōngsuō	자궁 수축
363	巩膜	gǒngmó	공막
364	佝偻病	gōulóubìng	구루병
365	沟通	gōutōng	소통
366	构成	gòuchéng	구성
367	姑息性手术	gūxíxìng shǒushù	경감수술
368	股骨	gǔgǔ	대퇴골
369	股骨头坏死	gǔgǔtou huàisǐ	고골두괴사
370	股四头肌	gǔsìtóujī	상완사두근
371	骨擦音/感	gǔcāyīn/gǎn	뼈 마찰음/감
372	骨骼肌	gǔgé jī	횡문근
373	骨关节炎	gǔguānjiéyán	골관절염
374	骨痂	gǔjiā	캘러스
375	骨筋膜室综合征	gǔjīnmóshì zònghézhēng	골 안면 구획 증후군
376	骨龄	gǔlíng	골연령
377	骨膜	gǔmó	골막
378	骨盆	gǔpén	골반

379	骨髓	gǔsuǐ	골수
380	骨髓象	gǔsuǐxiàng	골수상
381	骨折	gǔzhé	골절
382	骨质疏松症（OP）	gǔzhì shūsōngzhèng (OP)	골다공증
383	鼓膜	gǔmó	고막
384	鼓室	gǔshì	고실
385	固定	gùdìng	고정
386	顾虑	gùlǜ	고려
387	挂号	guàhào	접수하다
388	拐杖	guǎizhàng	지팡이
389	关节	guānjié	관절
390	关节镜	guānjiéjìng	관절경
391	关节面	guānjiémiàn	관절면
392	关节囊	guānjiénáng	관절낭
393	关节腔	guānjiéqiāng	관절강
394	观察	guānchá	관찰
395	冠心疾	guànxīnjí	관상 동맥심질환
396	冠状动脉	guānzhuàngdòngmài	관상동맥
397	管型	guǎnxíng	원주

398	光滑	guānghuá	매끄럽다
399	广泛	guǎngfàn	널리
400	规律	guīlǜ	법칙
401	过度	guòdù	과도
402	过渡乳	guòdùrǔ	이행유
403	过敏	guòmǐn	알레르기
404	过敏性紫癜	guòmǐnxìng zǐdiàn	알러지성자반
405	过期产儿	guòqī chǎn'ér	과숙아
406	过期妊娠	guòqī rènshēn	지연임신
407	海绵状血管瘤	hǎimiánzhuàng xuèguǎnliú	해면상 혈관종
408	海鲜	hǎixiān	해물
409	含服	hánfú	천천히 녹여서 복용함
410	含量	hánliàng	함량
411	寒战	hánzhàn	진저리
412	罕见	hǎnjiàn	드물다
413	好转	hǎozhuǎn	나아지다
414	合理	hélǐ	합리
415	荷尔蒙	hé'ěrméng	호르몬
416	核磁共振（MRI）	hécígòngzhèn (MRI)	핵자기 공명

417	黑粪	hēifèn	멜레나
418	黑色素瘤	hēisèsùliú	흑색종
419	恒牙	héngyá	영구치
420	红细胞沉降率（血沉率）	hóngxìbāo chénjiànglǜ (xuèchénlǜ)	적혈구 침강속도
421	虹膜	hóngmó	홍채
422	喉部	hóubù	후부
423	后代	hòudài	후세
424	后果	hòuguǒ	결과
425	后囟	hòuxìn	천문
426	后遗症	hòuyízhèng	후유증
427	候诊区	hòuzhěnqū	진찰 대기 구역
428	呼吸	hūxī	호흡
429	呼吸链	hūxīliàn	호흡 연쇄
430	呼吸性碱中毒	hūxīxìng jiǎn zhòngdú	호흡성 알칼리증
431	忽略	hūlüè	소홀하다
432	忽视	hūshì	무시하다
433	护理	hùlǐ	간호하다
434	滑车神经	huáchē shénjīng	활차 신경
435	化痰止咳	huàtán zhǐké	화담지해

436	化验	huàyàn	화학 검사
437	怀孕	huáiyùn	임신하다
438	踝关节	huáiguānjié	발목관절
439	踝阵挛	huáizhènluán	족클로누스
440	环形红斑	huánxíng hóngbān	고리홍반
441	缓解	huǎnjiě	완화
442	患者	huànzhě	환자
443	黄斑	huángbān	황반
444	黄疸	huángdǎn	황달
445	黄体	huángtǐ	황체
446	灰质	huīzhì	회백질
447	恢复	huīfù	회복하다
448	回肠	huícháng	회장
449	回归热	huíguīrè	회귀열
450	回盲部	hu mángbù	회맹부
451	回声	huíshēng	메아리
452	会阴	huìyīn	회음
453	会诊	huìzhěn	대진하다
454	昏迷	hūnmí	혼미하다

455	荤	hūn	고기 요리
456	婚育史	hūnyùshǐ	혼육사
457	浑身	húnshēn	온몸
458	混合性病变（肿物）	hùnhéxìng bìngbiàn (zhǒngwù)	혼합성 병변
459	活检	huójiǎn	생체 조직 검사
460	霍乱	huòluàn	콜레라
461	饥饿	jī'è	굶주림
462	机会性致病菌	jīhuìxìng zhìbìngjùn	기회 감염균
463	肌电图	jīdiàntú	근전도
464	肌强直	jīqiángzhí	근긴장증
465	肌肉	jīròu	근육
466	肌张力	jīzhānglì	근육 장력
467	积水	jīshuǐ	수종
468	积液	jīyè	적액
469	基本	jīběn	기분
470	基础代谢率	jīchǔ dàixièlǜ	기초 대사율
471	基因	jīyīn	유전자
472	畸形	jīxíng	기형
473	稽留热	jīliúrè	계류열

474	激动药	jīdòngyào	흥분제
475	激素	jīsù	호르몬
476	及早	jízǎo	일찍
477	急促	jícù	급하다
478	急腹症	jífùzhèng	급성복증
479	急剧	jíjù	급격히
480	急性呼吸窘迫综合征（ARDS）	jíxìng hūxī jiǒngpò zònghézhēng (ARDS)	급성 호흡곤란 증후군
481	急性会厌炎	jíxìng huìyànyán	급성 후두개염
482	急性上呼吸道感染（上感）	jíxìng shànghūxīdào gǎnrǎn (shànggǎn)	급성 상기도 감염
483	急诊	jízhěn	급진
484	急症手术	jízhèng shǒushù	응급수술
485	疾病	jíbìng	질병
486	集中	jízhōng	집중하다
487	籍贯	jíguàn	본적
488	脊髓	jǐsuǐ	척수
489	脊髓灰质炎	jǐsuǐ huīzhíyán	급성 회백수염
490	脊柱侧凸	jǐzhù cètū	척추 측만증
491	记录	jìlù	기록

492	记忆力	jìyìlì	기억력
493	剂量·效应关系	jìliàng·xiàoyìng guānxì	선량효과관계
494	既往史	jìwǎngshǐ	과거병력
495	继发性	jìfāxìng	속발성
496	寄生虫	jìshēngchóng	기생충
497	加剧	jiājù	격화하다
498	家属	jiāshǔ	가족
499	家庭	jiātíng	가정
500	家族史	jiāzúshǐ	가족력
501	甲沟炎	jiǎgōuyán	손발톱주위염
502	甲亢危象	jiǎkàng wēixiàng	갑상선 기능 항진증
503	甲胎蛋白	jiǎtāidànbái	갑상선 기능 저하증
504	甲状旁腺	jiǎzhuàngpángxiàn	부갑상샘
505	甲状腺功能减退症（甲减）	jiǎzhuàngxiàn gōngnéng jiǎntuìzhèng (jiǎjiǎn)	갑상선 기능 저하증
506	甲状腺功能亢进症（甲亢）	jiǎzhuàngxiàn gōngnéng kàngjìnzhèng (jiǎkàng)	갑상선 기능 항진증
507	尖锐湿疣	jiānruìshīyóu	첨규 콘딜로마
508	间脑	jiānnǎo	간뇌
509	间质性肺炎	jiānzhíxìng fèiyán	간질성 폐염

510	肩膀	jiānbǎng	어깨
511	肩部	jiānbù	견부
512	肩胛骨	jiānjiǎgǔ	견갑골
513	监测	jiāncè	모니터링
514	监护	jiānhù	감호하다
515	检查	jiǎnchá	검사하
516	检验	jiǎnyàn	검험하다
517	间隔	jiàngé	간격
518	间歇	jiànxiē	간헐적
519	健全	jiànquán	건전하다
520	腱鞘	jiànqiào	건초
521	鉴别	jiànbié	감별하다
522	鉴定	jiàndìng	감정하다
523	僵硬	jiāngyìng	굳다
524	交叉配血	jiāochā pèixuè	혈액교차적합시험
525	交感神经节	jiāogǎn shénjīngjié	교감 신경절
526	胶原	jiāoyuán	교원질
527	焦虑	jiāolǜ	초조하다
528	角膜	jiǎomó	각막

529	绞痛	jiǎotòng	산통
530	绞窄性	jiǎozhǎixìng	교액성
531	矫正	jiǎozhèng	교정하다
532	脚趾	jiǎozhǐ	발가락
533	阶段	jiēduàn	단계
534	疖	jiē	부스럼 절
535	接触	jiēchù	접촉하다
536	接种	jiēzhǒng	접종하다
537	节奏	jiézòu	리듬
538	拮抗药	jiékàngyào	길항제
539	结肠	jiécháng	결장
540	结缔组织	jiédìzǔzhī	결합조직
541	结合	jiéhé	결합
542	结核病	jiéhébìng	결핵병
543	结核分支杆菌	jiéhéfēnzhīgǎnjùn	결핵균
544	结核菌素试验	jiéhéjùnsù shìyàn	투베르쿨린 검사
545	结核性腹膜炎	jiéhéxìng fùmóyán	결핵성 복막염
546	结节	jiéjié	결절
547	结膜	jiémó	결막

548	结石	jiéshí	결석
549	结扎	jiézā	결찰
550	截瘫	jiétān	대마비
551	解痉	jiějìng	진경
552	解剖	jiěpōu	해부
553	介入	jièrù	개입
554	戒	jiè	끊다
555	筋膜	jīnmó	근막
556	紧急	jǐnjí	급히
557	谨慎	jǐnshèn	신중하다
558	尽快	jǐnkuài	되도록 빨리
559	尽量	jǐnliàng	되도록
560	进展期	jìnzhǎnqī	진행성
561	近亲	jìnqīn	근친
562	近视	jìnshì	근시
563	浸润	jìnrùn	침윤하다
564	禁忌症	jìnjìzhèng	금기증
565	进食	jìnshí	식사하다
566	经产妇	jīngchǎnfù	경산부

567	惊厥	jīngjué	경궐
568	晶状体	jīngzhuàngtǐ	수정체
569	精神	jīngshén	정신
570	精准医学	jīngzhǔn yīxué	정밀의학
571	精子	jīngzǐ	정자
572	精子获能	jīngzǐ huònéng	정자 수정능 획득
573	颈部	jǐngbù	경부
574	颈静脉怒张	jǐngjìngmài nùzhāng	경정맥 울혈
575	颈椎	jǐngchuí	경추
576	胫骨	jìnggǔ	경골
577	痉挛	jìngluán	경련
578	静脉	jìngmài	정맥
579	静脉配液中心	jìngmài pèiyè zhōngxīn	정맥 주사제 서비스
580	静脉曲张	jìngmài qūzhāng	정맥류상종창
581	静息电位	jìngxī diànwèi	휴지 전위
582	纠正	jiūzhèng	교정하다
583	酒精	jiǔjīng	알코올
584	救护车	jiùhùchē	구급차
585	就诊	jiùzhěn	진료

586	局部麻醉（局麻）	júbù mázuì (júmá)	국부 마취
587	咀嚼	jǔjué	씹다
588	巨大	jùdà	거대하다
589	巨结肠	jùjiécháng	거대결장
590	巨人症	jùrénzhèng	거인증
591	巨幼细胞性贫血	jùyòu xìbāoxìng pínxuè	거대적혈모구빈혈
592	剧烈	jùliè	격렬하다
593	绝经	juéjīng	폐경
594	绝育术	juéyùshù	단종 수술
595	菌血症	jūnxuèzhèng	균혈증
596	咯血	kǎxiě	각혈
597	开瓣音	kāibànyīn	개방음
598	龛影	kānyǐng	니셰
599	康复	kāngfù	회복하다
600	抗核抗体	kànghé kàngtǐ	항핵항체
601	抗利尿激素	kànglìniào jīsù	항이뇨 호르몬
602	抗凝	kàngníng	항응
603	抗生素	kàngshēngsù	항생제
604	抗体	kàngtǐ	항체

605	抗抑郁	kàngyìyù	항우울
606	抗原	kàngyuán	항원
607	颗	kē	알
608	咳痰	kétán	해담
609	可见	kějiàn	가시
610	克罗恩病	Kèluó'ēnbìng	크론병
611	空肠	kōngcháng	공장
612	空洞	kōngdòng	공동
613	空腹	kōngfù	공복
614	恐惧	kǒngjù	공포
615	控制	kòngzhì	억제하다
616	口臭	kǒuchòu	구취
617	口腔	kǒuqiāng	구강
618	叩击	kòujī	두드리다
619	叩诊	kòuzhěn	타진
620	髋骨	kuāngǔ	관골
621	髋臼	kuānjiù	관골구
622	狂犬病	kuángquǎnbìng	광견병
623	扩散	kuòsàn	확산

624	扩张	kuòzhāng	확장
625	阑尾	lánwěi	충수
626	劳累	láolèi	지치다
627	老年性黄斑变性	lǎoniánxìng huángbān biànxìng	노인황반변성
628	老视	lǎoshì	노안
629	乐观	lèguān	낙관
630	雷诺现象	Léinuò xiànxiàng	레이노 현상
631	肋	lèi	옆구리
632	泪器	lèiqì	누기
633	类癌综合征	lèi'ái zònghézhēng	카르시노이드 증후군
634	类风湿性关节炎	lèifēngshīxìng guānjiéyán	류마티스 관절염
635	类风湿因子	lèifēngshī yīnzǐ	류머티즘 인자
636	类似	lèisì	유사하다
637	类型	lèixíng	유형
638	离子通道	lízǐ tōngdào	이온 통로
639	理疗	lǐliáo	물리 요법
640	利尿	lìniào	이뇨
641	粒细胞	lìxìbāo	과립구
642	痢疾	lìjí	이질

643	连续	liánxù	연속
644	联合	liánhé	연합
645	良好	liánghǎo	양호
646	临产	línchǎn	만산
647	临床	línchuáng	임상
648	临终关怀	línzhōng guānhuái	호스피스
649	淋巴结	línbājié	림프선
650	淋巴细胞	línbā xìbāo	림프구
651	淋病	línbìng	임질
652	灵活	línghuó	유연하다
653	流产	liúchǎn	유산
654	流感	liúgǎn	유행성 감기
655	流感嗜血杆菌	liúgǎn shìxuè gǎnjùn	헤모필루스 인플루엔자
656	流行性	liúxíngxìng	유행성
657	流泪	liúlèi	낙루
658	流质	liúzhì	유동적
659	聋哑	lóngyǎ	농아
660	漏出液	lòuchūyè	누출액
661	颅骨	lúgǔ	뇌두개골

662	颅内压	lúnèiyā	뇌압
663	挛缩	luánsuō	연축
664	卵巢	luǎncháo	난소
665	卵泡	luǎnpào	난낭
666	卵子	luǎnzǐ	난자
667	轮状病毒	lúnzhuàng bìngdú	로타바이러스
668	啰音	luōyīn	수포음
669	绿色瘤	lǜsèliú	녹색종
670	麻痹	mábì	마비
671	麻木	mámù	마목
672	麻疹	mázhěn	홍역
673	麻醉	mázuì	마취
674	马尾	mǎwěi	말꼬리
675	麦氏点	màishìdiǎn	맥버니점
676	脉搏	màibó	맥박
677	脉压	màiyā	맥압
678	慢性阻塞性肺疾病（慢阻肺）	mànxìng zǔsèxìng fèijíbìng (mànzǔfèi)	만성 폐쇄성 폐질환
679	盲肠	mángcháng	맹장
680	梅毒	méidú	매독

681	没劲	méijìn	힘이 없다
682	酶	méi	효소
683	门静脉高压症	ménjìngmài gāoyāzhèng	문맥압 항진증
684	弥散性血管内凝血（DIC）	mísànxìng xiěguǎn nèiníngxuè (DIC)	파종혈관내응고
685	迷路	mílù	미로
686	迷走神经	mízǒu shénjīng	미주 신경
687	泌尿系统	mìniào xìtǒng	비뇨기 계통
688	密切	mìqiè	밀접하다
689	免疫	miǎnyì	면역
690	免疫缺陷病	miǎnyìquēxiànbìng	면역 부전증
691	免疫调节	miǎnyì tiáojié	면역 조정
692	免疫抑制剂	miǎnyì yìzhìjì	면역억제제
693	面部	miànbù	안면
694	面积	miànjī	면적
695	面容	miànróng	용모
696	面神经	miànshénjīng	안면 신경
697	灭菌	mièjǔn	살균
698	敏感	mǐngǎn	예민하다
699	明确	míngquè	명확하다

700	明显	míngxiǎn	뚜렷하다
701	摸	mō	더듬다
702	模糊	móhú	모호하다
703	膜性肾病	móxìng shènbìng	막성콩팥병증
704	摩擦音	mócāyīn	마찰음
705	末次月经	mòcì yuèjīng	최종월경일
706	母乳	mǔrǔ	모유
707	目光	mùguāng	눈빛
708	耐药性	nàiyàoxìng	약제 내성
709	难产	nánchǎn	난산
710	囊性病变（肿物）	nángxìng bìngbiàn (zhǒngwù)	낭종 병변
711	囊肿	nángzhǒng	낭종
712	脑电图	nǎodiàntú	뇌전도
713	脑干	nǎogàn	뇌간
714	脑脊液	nǎojǐyè	뇌척수액
715	脑膜刺激征	nǎomó cìjīzhēng	수막자극 증상
716	脑膜瘤	nǎomóliú	수막종
717	脑桥	nǎoqiáo	뇌교
718	脑疝	nǎoshàn	뇌 헤르니아

719	脑死亡	nǎosǐwáng	뇌사
720	脑震荡	nǎozhèndàng	뇌진탕
721	内部	nèibù	내부
722	内霉素	nèiméisù	엔도마이신
723	内耳	nèi'ěr	내이
724	内分泌系统	nèifēnmì xìtǒng	내분비계통
725	内环境	nèihuánjìng	내부 환경
726	内镜	nèi jìng	내시경
727	内镜逆行胰胆管造影（ERCP）	nèijìng nìxíng yí-dǎnguǎn zàoyǐng (ERCP)	내시경적 역행 담췌관 조영술
728	内囊	nèináng	내포
729	内源性凝血	nèiyuánxìng níngxuè	내재성 혈액응고
730	内脏	nèizàng	내장
731	逆转录酶	nìzhuǎnlùméi	역전사 효소
732	年纪	niánjì	나이
733	黏膜	niánmó	점막
734	尿崩症	niàobēngzhèng	요붕증
735	尿蛋白	niàodànbái	요중 단백질
736	尿道	niàodào	요도
737	尿毒症	niàodúzhèng	요독증

738	尿急	niàojí	요급
739	尿量	niàoliàng	요량
740	尿路感染	niàolù gǎnrǎn	요로 감염
741	尿路梗阻	niàolù gěngzǔ	요로폐색
742	尿频	niàopín	빈뇨증
743	尿失禁	niàoshījìn	요실금
744	尿石症	niàoshízhèng	요석증
745	尿酸	niàosuān	요산
746	尿糖	niàotáng	요당
747	尿液	niàoyè	오줌
748	尿潴留	niàozhūliú	요폐
749	颞叶	nièyè	측두엽
750	凝血酶	níngxuèméi	응혈 효소
751	凝血因子	níngxuè yīnzǐ	응혈 인자
752	扭伤	niǔshāng	삐다
753	扭转	niǔzhuǎn	돌리다
754	浓	nóng	진하다
755	浓度	nóngdù	농도
756	脓毒症	nóngdúzhèng	농독증

757	脓尿	nóngniào	농뇨
758	脓痰	nóngtán	농성 담
759	脓胸	nóngxiōng	농흉
760	脓血便	nóngxuèbiàn	농혈변
761	疟疾	nüèjí	학질
762	呕吐	ǒutù	구토
763	呕血	ǒuxuè	토혈
764	趴	pā	엎드리다
765	拍	pāi	치다
766	排便	páibiàn	배변
767	排斥	páichì	배척하다
768	排除	páichú	배제하다
769	排卵	páiluǎn	배란
770	排尿	páiniào	배뇨
771	排气	páiqì	배기
772	膀胱	pángguāng	방광
773	疱疹	pàozhěn	포진
774	胚胎	pēitāi	배태
775	培养	péiyǎng	배양하다

776	配合	pèihé	배합하다
777	配偶	pèi'ǒu	배우자
778	盆会阴部	pénhuìyīnbù	골반 음부
779	皮肌炎	píjīyán	피부 근육염
780	皮下结节	píxià jiéjié	피하결절
781	皮炎	píyán	피부염
782	皮疹	pízhěn	피진
783	皮质	pízhì	피질
784	疲劳	píláo	피로
785	脾	pí	비장
786	偏	piān	편
787	偏盲	piānmáng	반맹
788	偏瘫	piāntān	반신불수
789	胼胝体	piánzhītǐ	뇌량
790	片	piàn	조각
791	频繁	pínfán	자주
792	平常	píngcháng	일상
793	平衡	pínghéng	평형
794	平滑肌	pínghuájī	평활근

795	平片	píngpiàn	일반 엑스레이
796	破坏	pòhuài	파괴하다
797	破裂	pòliè	파열하다
798	破伤风	pòshāngfēng	파상풍
799	剖宫产	pōugōngchǎn	제왕절개술
800	葡萄球菌	pútáoqiújùn	포도상 구균
801	葡萄胎	pútáotāi	포도태
802	期前收缩	qīqián shōusuō	조기수축
803	奇脉	qímài	기맥
804	脐带	qídài	탯줄
805	起搏器	qǐbóqì	심박 조율기
806	气管	qìguǎn	기관
807	气管内插管	qìguǎn nèi chāguǎn	기관내삽관
808	气色	qìsè	안색
809	气栓	qìshuān	기스락
810	气味	qìwèi	냄새
811	气性坏疽	qìxìng huàijū	가스괴저
812	气脚	qìjiǎo	기각
813	器官	qìguān	기관

814	憩室	qìshì	게실
815	髂骨	qiàgǔ	장골
816	牵涉痛	qiānshètòng	관련통
817	牵引	qiānyǐn	견인
818	前列腺	qiánlièxiàn	전립선
819	前庭	qiántíng	전정
820	前囟	qiánxìn	전신
821	前置	qiánzhì	프런트 로딩
822	潜伏	qiánfú	잠복
823	浅	qiǎn	얕다
824	嵌顿	qiàndùn	감돈
825	强度	qiángdù	강도
826	强烈	qiángliè	강력
827	强直性脊柱炎	qiángzhíxìng jǐzhùyán	강직성 척추염
828	抢救	qiǎngjiù	응급조치
829	切除	qiēchú	절제하다
830	切开	qiēkāi	가르다
831	青春期	qīngchūnqī	사춘기
832	青光眼	qīngguāngyǎn	녹내장

833	青霉素	qīngméisù	페니실린
834	青紫	qīngzǐ	청색증
835	清除	qīngchú	제거하다
836	清创	qīngchuāng	죽은 조직 제거술
837	清淡	qīngdàn	담백하다
838	清蛋白	qīngdànbái	알부민
839	清宫	qīnggōng	소파술
840	清洗消毒室	qīngxǐ xiāodúshì	소독실을 청소하다
841	清醒	qīngxǐng	깨다
842	清音	qīngyīn	청음
843	情绪	qíngxù	정서
844	请示	qǐngshì	지시를 바라다
845	丘脑	qiūnǎo	시상
846	球蛋白	qiúdànbái	글로불린
847	区域	qūyù	구역
848	屈光不正	qūguāng búzhèng	굴절 이상
849	龋齿	qǔchǐ	우치
850	去甲肾上腺素	qùjiǎshènshàngxiànsù	노르에피네프린
851	全面	quánmiàn	전면

852	全身	quánshēn	전신
853	全血黏度	quánxuè niándù	전 혈액 점도
854	醛固酮	quángùtóng	알도스테론
855	劝	quàn	권하다
856	缺乏	quēfá	모자라다
857	缺损	quēsǔn	결손
858	缺铁性贫血	quētiěxìng pínxuè	철결핍성 빈혈
859	缺陷	quēxiàn	결함
860	缺血	quēxuè	결혈
861	缺氧	quēyǎng	산소 부족
862	确定	quèdìng	확인
863	确诊	quèzhěn	확진
864	桡骨	ráogǔ	요골
865	热量	rèliàng	열량
866	热型	rèxíng	열형
867	人畜共患疾病	rénchù gònghuàn jíbìng	인수공통감염병
868	人工	réngōng	인공
869	人群易感性	rénqún yìgǎnxìng	군중 이환성
870	人乳头瘤病毒	rén rǔtóuliú bìngdú	인유두종 바이러스

871	忍受	rěnshòu	참다
872	认知	rènzhī	인지
873	韧带	rèndài	인대
874	妊娠	rènshēn	임신
875	日常	rìcháng	일상
876	日期	rìqī	날짜
877	容积	róngjī	용적
878	溶栓	róngshuān	혈전용해
879	溶血病	róngxuèbìng	용혈병
880	溶血性贫血	róngxuèxìng pínxuè	용혈성 빈혈
881	蠕动波	rúdòngbō	연동파
882	乳房	rǔfáng	유방
883	乳酸脱氨酶	rǔsuāntuōānméi	젖산탈수소효소
884	乳腺炎	rǔxiànyán	유선염
885	乳牙	rǔyá	유치
886	褥疮	rùchuāng	욕창
887	软	ruǎn	부드럽다
888	软骨瘤	ruǎngǔliú	연골종
889	软化	ruǎnhuà	연화

890	软组织	ruǎnzǔzhī	연조직
891	弱	ruò	약하다
892	弱视	ruòshì	약시
893	腮腺炎	sāixiànyán	이하선염
894	三叉神经	sānchā shénjīng	삼차 신경
895	三合诊	sānhézhěn	삼합진
896	三尖瓣	sānjiānbàn	삼첨판
897	三维超声检查	sānwéi chāoshēng jiǎnchá	3차원적 초음파 검사
898	散光	sǎnguāng	난시
899	嗓子	sǎngzi	목청
900	丧失	sàngshī	상실
901	瘙痒	sàoyǎng	가려움증
902	纱布	shābù	가제
903	筛选	shāixuǎn	선별
904	晒	shài	널다
905	疝	shàn	산증
906	伤害	shānghài	상해
907	上颌骨	shànghégǔ	상악골
908	上皮组织	shàngpí zǔzhī	상피 조직

909	上腔静脉	shàngqiāng jìngmài	상대정맥
910	上瘾	shàngyǐn	인이 박히다
911	上肢	shàngzhī	상지
912	烧伤	shāoshāng	화상
913	舌下神经	shéxià shénjīng	설하 신경
914	舌咽神经	shéyān shénjīng	설인 신경
915	摄氏度	shèshìdù	섭씨온도
916	伸	shēn	뻗다
917	身高/长	shēngāo/cháng	크기
918	呻吟	shēnyín	신음
919	神经	shénjīng	신경
920	肾	shèn	콩팥
921	肾单位	shèndānwèi	콩팥단위
922	肾上腺	shènshàngxiàn	부신
923	肾糖阈	shèntángyù	신장당역
924	肾小球滤过率	shènxiǎoqiú lǜguòlǜ	사구체 거르기율
925	肾小球肾炎	shènxiǎoqiú shènyán	사구체신염
926	肾盂肾炎	shènyú shènyán	신우신염
927	肾综合征出血热	shènzònghézhēng chūxuèrè	신증후군 출혈열

928	渗出液	shènchūyè	누출액
929	渗透	shèntòu	스며들다
930	升	shēng	오르다
931	升高	shēnggāo	높아지다
932	生理	shēnglǐ	생리
933	生命体征	shēngmìng tǐzhēng	생명 징후
934	生物利用度	shēngwù lìyòngdù	생물이용도
935	生物钟	shēngwùzhōng	생물 시계
936	生物转化	shēngwù zhuǎnhuà	생물전환
937	生育	shēngyù	생육
938	生长	shēngzhǎng	성장
939	生长因子	shēngzhǎng yīnzǐ	성장 인자
940	生殖系统	shēngzhí xìtǒng	생식계통
941	尸体	shītǐ	시체
942	失常	shīcháng	비정상
943	失眠	shīmián	불면증
944	失去	shīqù	잃다
945	失神	shīshén	실신
946	失误	shīwù	실수

947	失语	shīyǔ	실어증
948	湿润	shīrùn	습윤하다
949	湿疹	shīzhěn	습진
950	十二指肠	shí'èrzhǐcháng	십이지장
951	石膏	shígāo	석고
952	实习	shíxí	실습
953	实验室检查	shíyànshì jiǎnchá	실험실검사
954	实质性病变（肿物）	shízhíxìng bìngbiàn (zhǒngwù)	실질성 병변
955	食管	shíguǎn	식도
956	食物	shíwù	식품
957	食欲不振	shíyù búzhèn	식욕 부진
958	示范	shìfàn	시범
959	事故	shìgù	시고
960	试验	shìyàn	시험
961	视力	shìlì	시력
962	视神经乳头	shìshénjīng rǔtóu	시신경 유두
963	视网膜	shìwǎngmó	망막
964	视诊	shìzhěn	시진
965	适当	shìdàng	적당하다

966	适应症	shìyìngzhèng	적응증
967	室间隔	shìjiāngé	심실중격
968	嗜睡	shìshuì	기면
969	收缩	shōusuō	수축
970	手续	shǒuxù	수속
971	手掌	shǒuzhǎng	손바닥
972	手指	shǒuzhǐ	손가락
973	手足口病	shǒuzúkǒubìng	수족구병
974	首关消除	shǒuguān xiāochú	약물 첫째 통과효과
975	寿命	shòumìng	수명
976	受精卵	shòujīngluǎn	수정란
977	受伤	shòushāng	다치다
978	受体	shòutǐ	수용체
979	授精	shòujīng	수정
980	舒适	shūshì	편하다
981	疏忽	shūhū	소홀하다
982	输精管	shūjīngguǎn	정관
983	输卵管	shūluǎnguǎn	수란관
984	输尿管	shūniàoguǎn	수뇨관

985	输血	shūxuè	수혈
986	输液室	shūyèshì	주사실
987	蔬菜	shūcài	채소
988	熟练	shúliàn	익숙하다
989	属于	shǔyú	속하다
990	数据	shùjù	데이터
991	数值	shùzhí	수치
992	衰老	shuāilǎo	노쇠
993	衰弱	shuāiruò	쇠약
994	摔倒	shuāidǎo	넘어지다
995	双顶径	shuāngdǐngjìng	양두정경
996	水冲脉	shuǐchōngmài	코리간맥
997	水痘	shuǐdòu	수두
998	水中毒	shuǐ zhòngdú	물중독
999	睡眠	shuìmián	수면
1000	顺畅	shùnchàng	통하다
1001	嘶哑	sīyǎ	쉬다
1002	死骨	sǐgǔ	부골
1003	死亡	sǐwáng	사망

1004	四肢	sìzhī	사지
1005	松弛	sōngchí	이완
1006	苏醒	sūxǐng	깨어나다
1007	宿主	sùzhǔ	숙주
1008	素食	sùshí	채식
1009	酸碱平衡	suānjiǎn pínghéng	산-염기평형
1010	酸痛	suāntòng	산통
1011	随时	suíshí	수시
1012	随意	suíyì	마음대로
1013	髓质	suǐzhì	수질
1014	碎石	suìshí	자갈
1015	损坏	sǔnhuài	손해
1016	损伤	sǔnshāng	손상
1017	缩短	suōduǎn	단축
1018	缩宫素	suōgōngsù	옥시토신
1019	锁骨	suǒgǔ	쇄골
1020	胎产式	tāichǎnshì	태위
1021	胎动	tāidòng	태동
1022	胎儿	tāi'ér	태아

1023	胎儿窘迫	tāi'ér jiǒngpò	태아가사
1024	胎粪吸入综合征	tāifèn xīrù zònghézhēng	태변흡인증후군
1025	胎膜早破	tāimó zǎopò	양막 조기 파열
1026	胎盘早剥	tāipán zǎobō	태반 조기 박리
1027	胎盘植入	tāipán zhírù	유착태반
1028	胎盘滞留	tāipán zhìliú	잔류태반
1029	胎位	tāiwèi	태향
1030	胎先露	tāixiānlù	태아 선진부
1031	太极拳	tàijíquán	태극권
1032	瘫痪	tānhuàn	마비
1033	炭疽	tànjū	탄저
1034	探头	tàntóu	탐침
1035	探望	tànwàng	탐망
1036	碳水化合物	tànshuǐ-huàhéwù	탄수화물
1037	糖尿病	tángniàobìng	당뇨병
1038	糖皮质激素	tángpízhí jīsù	당질 코르티코이드
1039	烫	tàng	뜨겁다
1040	特发性血小板减少性紫癜（ITP）	tèfāxìng xuèxiǎobǎn jiǎnshǎoxìng zǐdiàn (ITP)	후천성 혈전성 혈소판 감소성 자반병
1041	特殊	tèshū	특수

1042	特征	tèzhēng	특징
1043	疼痛	téngtòng	동통
1044	体格	tǐgé	체격
1045	体积	tǐjī	체적
1046	体外循环	tǐwài xúnhuán	체외 순환
1047	体型	tǐxíng	체형
1048	体液	tǐyè	체액
1049	体征	tǐzhēng	병증
1050	体重	tǐzhòng	체중
1051	调整	tiáozhěng	조정
1052	听力	tīnglì	청력
1053	听诊	tīngzhěn	청진
1054	听诊器	tīngzhěnqì	청진기
1055	酮体	tóngtǐ	케톤체
1056	酮症酸中毒	tóngzhèng suān zhòngdú	케톤산증
1057	瞳孔	tóngkǒng	동공
1058	痛风	tòngfēng	통풍
1059	痛经	tòngjīng	생리통
1060	痛苦	tòngkǔ	고통

1061	头部	tóubù	두부
1062	头围	tóuwéi	머리 둘레
1063	透析	tòuxī	투석
1064	突触	tūchù	시냅스
1065	突发性聋	tūfāxìng lóng	돌발성 난청
1066	途径	tújìng	경로
1067	涂抹	túmǒ	바르다
1068	涂片	túpiàn	도포 표본
1069	推测	tuīcè	추측하다
1070	退烧	tuìshāo	열이 내리다
1071	退休	tuìxiū	퇴직
1072	吞咽	tūnyàn	삼키다
1073	臀部	túnbù	둔부
1074	臀大肌	túndàjī	대둔근
1075	拖延	tuōyán	지연하다
1076	脱垂	tuōchuí	탈출증
1077	脱离	tuōlí	이탈
1078	脱位	tuōwèi	탈구
1079	蛙腹	wāfù	개구리 배

1080	歪	wāi	비뚤다
1081	外表	wàibiǎo	외표
1082	外耳道	wài'ěrdào	외이도
1083	外翻	wàifān	외번
1084	外生殖器	wài shēngzhíqì	외생식기
1085	外源性凝血	wàiyuánxìng níngxuè	외인성 혈액 응고
1086	外展神经	wàizhǎn shénjīng	외전신경
1087	顽固	wángù	완고하다
1088	挽救	wǎnjiù	구하다
1089	晚期	wǎnqī	말기
1090	腕骨	wàngǔ	완골
1091	腕管	wànguǎn	완관
1092	网织红细胞	wǎngzhī hóngxìbāo	망상적혈구
1093	危害	wēihài	위해
1094	微创医学（MIM）	wēichuàng yīxué (MIM)	최소 침습적 의학
1095	围产期	wéichǎnqī	주산기
1096	围术期	wéishùqī	수술 전후 주기
1097	维持	wéichí	유지
1098	维生素	wéishēngsù	비타민

1099	尾骨	wěigǔ	미골
1100	萎缩	wěisuō	위축
1101	位于	wèiyú	위치하다
1102	位置	wèizhì	위치
1103	胃肠减压	wèicháng jiǎnyā	위장감압
1104	胃蛋白酶	wèidànbáiméi	펩신
1105	胃镜	wèijìng	위내시경
1106	胃口	wèikǒu	식욕
1107	胃泌素瘤	wèimìsùliú	가스트리노마
1108	胃排空	wèipáikōng	위 배출
1109	胃食管反流症	wèi-shíguǎn fǎnliúzhèng	위식도 역류 질환
1110	胃瘫	wèitān	위마비
1111	喂养	wèiyǎng	양육하다
1112	纹狀体	wénzhuàngtǐ	선조체
1113	闻	wén	맡다
1114	蚊虫叮咬	wénchóng dīngyǎo	모기가 물다
1115	吻合口	wěnhékǒu	문합 부위
1116	紊乱	wěnluàn	문란
1117	稳定	wěndìng	안정

1118	稳态	wěntài	정상 상태
1119	卧床	wòchuáng	침대에 눕다
1120	无菌术	wújūnshù	무균술
1121	无症状性蛋白尿	wúzhèngzhuàngxìng dànbáiniào	무증상 단백뇨
1122	物品	wùpǐn	물품
1123	物质	wùzhì	물질
1124	误差	wùchā	오차
1125	雾化	wùhuà	무화
1126	吸收	xīshōu	흡수
1127	吸氧	xīyǎng	산소 흡입
1128	息肉	xíròu	폴립
1129	膝盖	xīgài	무릎
1130	膝关节	xīguānjié	무릎 관절
1131	系统	xìtǒng	계통
1132	系统性红斑狼疮(SLE)	xìtǒngxìng hóngbānlángchuāng (SLE)	전신홍반성루푸스
1133	系统性硬化病（硬皮病）	xìtǒngxìng yìnghuàbìng (yìngpíbìng)	전신경화증
1134	细胞	xìbāo	세포
1135	细胞株	xìbāozhū	세포주
1136	细菌	xìjūn	세균

1137	狭窄	xiázhǎi	협착
1138	下颌骨	xiàhégǔ	하악골
1139	下降	xiàjiàng	하강
1140	下腔静脉	xiàqiāng jìngmài	하대정맥
1141	下肢	xiàzhī	하지
1142	先天性	xiāntiānxìng	선천성
1143	先兆流产	xiānzhào liúchǎn	절박유산
1144	纤溶酶原	xiānróngméiyuán	플라스미노겐
1145	纤维	xiānwéi	섬유
1146	显示	xiǎnshì	표시
1147	显微外科	xiǎnwēi wàikē	현미외과수술
1148	现病史	xiànbìngshǐ	현병력
1149	现象	xiànxiàng	현상
1150	限期手术	xiànqī shǒushù	마감 수술
1151	腺垂体	xiànchuítǐ	뇌하수체
1152	相关	xiāngguān	상관
1153	项	xiàng	항
1154	消除	xiāochú	제거하다
1155	消毒	xiāodú	소독

1156	消耗	xiāohào	소모
1157	消化	xiāohuà	소화
1158	消化道	xiāohuàdào	소화기관
1159	消化腺	xiāohuàxiàn	소화선
1160	消化性溃疡	xiāohuàxìng kuìyáng	소화성궤양
1161	消极	xiāojí	소극적
1162	消失	xiāoshī	소실
1163	消瘦	xiāoshòu	여위다
1164	消炎	xiāoyán	소염
1165	硝酸甘油	xiāosuān gānyóu	니트로글리세린
1166	小便	xiǎobiàn	소변
1167	哮喘	xiàochuǎn	천식
1168	哮鸣音	xiàomíngyīn	천명음
1169	效价	xiàojià	역가
1170	协同作用	xiétóng zuòyòng	협동작용
1171	斜视	xiéshì	사시
1172	心包	xīnbāo	심포
1173	心搏骤停	xīnbó zhòutíng	심박마비
1174	心电图	xīndiàntú	심전도

1175	心动过缓	xīndòng guòhuǎn	느린맥
1176	心房颤动（房颤）	xīnfáng chàndòng (fángchàn)	심방세동
1177	心肺复苏	xīnfèifùsū	심폐소생술
1178	心肌梗死	xīnjī gěngsǐ	심근경색
1179	心悸	xīnjì	심계
1180	心尖搏动	xīnjiān bódòng	심첨박동
1181	心绞痛	xīnjiǎotòng	협심증
1182	心理	xīnlǐ	심리
1183	心力衰竭	xīnlì shuāijié	심장쇠갈
1184	心律	xīnlǜ	심률
1185	心率	xīnlǜ	심박수
1186	心内膜炎	xīnnèimóyán	심장 내막염
1187	心室	xīnshì	심실
1188	心态	xīntài	심리 상태
1189	心血管系统	xīnxuèguǎn xìtǒng	심혈관계통
1190	心音	xīnyīn	심음
1191	心脏	xīnzàng	심장
1192	心脏压塞	xīnzàng yāsè	심장눌림증
1193	辛辣	xīnlà	신랄하다

1194	新陈代谢	xīnchén-dàixiè	신진대사
1195	新生儿	xīnshēng'ér	신생아
1196	猩红热	xīnghóngrè	성홍열
1197	形成	xíngchéng	형성
1198	形态	xíngtài	형태
1199	行为	xíngwéi	행위
1200	性病	xìngbìng	성병
1201	性交	xìngjiāo	성교
1202	性早熟	xìng zǎoshú	성조숙증
1203	性质	xìngzhì	성질
1204	胸部	xiōngbù	흉부
1205	胸大肌	xiōngdàjī	대흉근
1206	胸导管	xiōngdǎoguǎn	가슴관
1207	胸腹联合伤	xiōng-fù liánhéshāng	흉복부 연합 부상
1208	胸骨	xiōnggǔ	흉골
1209	胸骨角	xiōnggǔjiǎo	흉골각
1210	胸口	xiōngkǒu	명치
1211	胸廓	xiōngkuò	흉곽
1212	胸闷	xiōngmèn	흉민

1213	胸膜	xiōngmó	흉막
1214	胸腔	xiōngqiāng	흉강
1215	胸锁乳突肌	xiōngsuǒrǔtújī	흉쇄유돌근
1216	胸透	xiōngtòu	흉부 X선 촬영
1217	胸围	xiōngwéi	가슴둘레
1218	胸腺瘤	xiōngxiànliú	흉선종
1219	雄激素	xióngjīsù	남성호르몬
1220	休克	xiūkè	쇼크
1221	修补术	xiūbǔshù	조직 재형성 수술
1222	修复	xiūfù	회복하다
1223	嗅觉	xiùjué	후각
1224	嗅神经	xiùshénjīng	후각 신경
1225	酗酒	xùjiǔ	후주
1226	癣	xuǎn	버짐
1227	眩晕	xuànyūn	현기증
1228	血氨	xuè'ān	전혈암모니아
1229	血红蛋白	xuèhóng dànbái	헤모글로빈
1230	血肌酐	xuèjīgān	혈청크레아티닌
1231	血库	xuèkù	혈액은행

1232	血-脑屏障（BBB）	xuè-nǎo píngzhàng (BBB)	혈액뇌장벽
1233	血尿素氮	xuèniàosùdàn	혈액 요소성질소
1234	血培养	xuèpéiyǎng	혈액배양
1235	血气分析	xuèqì fēnxī	혈액가스분석
1236	血清铁	xuèqīngtiě	혈청철
1237	血糖	xuètáng	혈당
1238	血吸虫病	xuèxīchóngbìng	주혈흡충증
1239	血细胞比容	xuèxìbāo bǐróng	적혈구 용적
1240	血象	xuèxiàng	혈액상
1241	血小板	xuèxiǎobǎn	혈소판
1242	血行播散	xuèxíngbōsàn	혈행파종
1243	血型	xuèxíng	혈액형
1244	血胸	xuèxiōng	혈흉
1245	血压	xuèyā	혈압
1246	血友病	xuèyǒubìng	혈우병
1247	血脂	xuèzhī	혈액 지질
1248	询问	xúnwèn	문의
1249	荨麻疹	xúnmázhěn	두드러기
1250	循环	xúnhuán	순환

1251	训练	xùnliàn	훈련
1252	迅速	xùnsù	급속하다
1253	压疮	yāchuāng	압박궤양
1254	压迫	yāpò	압박
1255	压痛	yātòng	압통
1256	牙槽骨	yácáogǔ	치조골
1257	牙齿	yáchǐ	치아
1258	牙冠	yáguān	치관
1259	牙体	yátǐ	치체
1260	牙龈	yáyín	치은
1261	牙周组织	yázhōu zǔzhī	치주 조직
1262	亚急性	yàjíxìng	아급성
1263	亚健康	yàjiànkāng	서브 헬스
1264	咽部	yānbù	인부
1265	咽鼓管	yāngǔguǎn	유스타키오관
1266	淹溺	yānnì	익사
1267	延期	yánqī	연기
1268	延髓	yánsuǐ	연수
1269	炎热	yánrè	무덥다

1270	眼睑	yǎnjiǎn	안검
1271	眼球	yǎnqiú	안구
1272	羊膜	yángmó	양막
1273	羊水	yángshuǐ	양수
1274	阳性	yángxìng	양성
1275	仰卧位	yǎngwòwèi	배면와위
1276	氧气	yǎngqì	산소
1277	痒	yǎng	가렵다
1278	腰	yāo	허리
1279	腰椎	yāochuí	요추
1280	药物	yàowù	약품
1281	药效动力学	yàoxiào dònglìxué	약력학
1282	叶酸	yèsuān	엽산
1283	液体	yètǐ	액체
1284	腋神经	yèshénjīng	액와신경
1285	衣原体	yīyuántǐ	클라미디아
1286	医嘱	yīzhǔ	의사의 지시
1287	依赖性	yīlàixìng	의존성
1288	胰岛素	yídǎosù	인슐린

1289	胰高血糖素	yígāoxuètángsù	글루카곤
1290	胰腺	yíxiàn	췌장
1291	移动	yídòng	이동
1292	移行	yíxíng	이행
1293	移位	yíwèi	전위
1294	移植	yízhí	이식
1295	遗传	yíchuán	유전
1296	遗尿	yíniào	유뇨증
1297	乙肝	yǐgān	B형 간염
1298	乙型脑炎	yǐxíng nǎoyán	을형 뇌염
1299	以及	yǐjí	그리고
1300	以免	yǐmiǎn	하지 않도록
1301	异常	yìcháng	이상
1302	异位妊娠	yìwèi rènshēn	자궁 외 임신
1303	异物	yìwù	이물
1304	抑郁	yìyù	우울하다
1305	疫苗	yìmiáo	백신
1306	意识	yìshí	의식
1307	意外	yìwài	의외

1308	因素	yīnsù	요소
1309	阴道	yīndào	질
1310	阴茎	yīnjīng	음경
1311	阴性	yīnxìng	음성
1312	银屑病	yínxièbìng	건선
1313	引产术	yǐnchǎnshù	유도분만
1314	引发	yǐnfā	유발
1315	引流	yǐnliú	배농하다
1316	饮食	yǐnshí	음식
1317	隐患	yǐnhuàn	잠복해 있는 병
1318	隐痛	yǐntòng	은통
1319	隐性感染	yǐnxìng gǎnrǎn	음성 검염
1320	婴儿	yīng'ér	영아
1321	营养	yíngyǎng	영양
1322	影像学检查	yǐngxiàngxué jiǎnchá	영상 검사
1323	应激	yìngjī	스트레스
1324	应用	yìngyòng	응용
1325	硬膜外腔	yìngmówàiqiāng	경막외강
1326	硬脑膜外血肿	yìngnǎomówài xuèzhǒng	경막외 출혈

1327	痈	yōng	옹
1328	用途	yòngtú	용도
1329	优生优育	yōushēng yōuyù	건강한 아이를 낳아 정성껏 키우다
1330	幽门螺杆菌	yōuménluógǎnjùn	헬리코박터 파일로리
1331	犹豫	yóuyù	망설이다
1332	油腻	yóunì	기름지다
1333	疣	yóu	사마귀
1334	有机磷中毒	yǒujīlín zhòngdú	유기인산염 중독
1335	有效不应期	yǒuxiào búyìngqī	불응기와 재분극 연장
1336	幼儿期	yòu'érqī	유아기
1337	诱因	yòuyīn	유인
1338	瘀斑	yūbān	어반
1339	瘀点	yūdiǎn	어점
1340	预防	yùfáng	예방
1341	预激综合征	yùjī zònghézhēng	조기흥분증후군
1342	预期	yùqī	예기
1343	预先	yùxiān	사전
1344	原代细胞	yuándài xìbāo	일차세포
1345	原发病灶	yuánfā bìngzào	원발소

1346	原发性	yuánfāxìng	원발성
1347	原则	yuánzé	원칙
1348	远视	yuǎnshì	원시
1349	月经初潮	yuèjīng chūcháo	초경
1350	月经史	yuèjīngshǐ	월경력
1351	晕厥	yūnjué	졸도
1352	孕激素	yùnjīsù	황체 호르몬
1353	杂音	záyīn	잡음
1354	再灌注	zàiguànzhù	재관류
1355	再燃	zàirán	재연
1356	再生障碍性贫血	zàishēng zhàng'àixìng pínxuè	재생 장애성 빈혈
1357	再植	zàizhí	이식
1358	暂停	zàntíng	정지
1359	早产	zǎochǎn	조산
1360	早期	zǎoqī	조기
1361	早孕	zǎoyùn	조기임신
1362	造成	zàochéng	조성
1363	造血干细胞	zàoxuè gànxìbāo	조혈모세포
1364	造影	zàoyǐng	조영

1365	择期手术	zéqī shǒushù	선택 수술
1366	增殖期	zēngzhíqī	증식기
1367	粘连	zhānlián	유착
1368	占位效应	zhànwèi xiàoyìng	종괴효과
1369	掌握	zhǎngwò	파악
1370	障碍	zhàng'ài	장애
1371	照射	zhàoshè	조사
1372	折磨	zhémó	괴롭히다
1373	着凉	zháoliáng	감기에 걸리다
1374	真菌	zhēnjūn	진균
1375	真性红细胞增多症	zhēnxìng hóngxìbāo zēngduōzhèng	진성 적혈구증가증
1376	诊断	zhěnduàn	진단
1377	诊断性刮宫	zhěnduànxìng guāgōng	진단상 소파술
1378	诊室	zhěnshì	진찰실
1379	枕叶	zhěnyè	후두엽
1380	震颤	zhènchàn	진전
1381	镇定	zhèndìng	진정
1382	镇静药	zhènjìngyào	진정제
1383	镇痛药	zhèntòngyào	진통제

1384	征求	zhēngqiú	구하다
1385	正常菌群	zhèngcháng jūnqún	정상균총
1386	正畸学	zhèngjīxué	치과 교정학
1387	证件	zhèngjiàn	증명서
1388	症状	zhèngzhuàng	증상
1389	支气管	zhīqìguǎn	기관지
1390	支原体	zhīyuántǐ	마이코플라즈마
1391	知觉	zhījué	지각
1392	肢端肥大症	zhīduān féidàzhèng	말단 비대증
1393	脂蛋白	zhīdànbái	지단백질
1394	脂肪	zhīfáng	지방
1395	蜘蛛痣	zhīzhūzhì	거미혈관종
1396	直肠	zhícháng	직장
1397	直径	zhíjìng	직경
1398	植皮术	zhípíshù	식피술
1399	止痛	zhǐtòng	지통
1400	止血	zhǐxuè	지혈
1401	指标	zhǐbiāo	지표
1402	指导	zhǐdǎo	지도

1403	指骨	zhǐgǔ	지골
1404	指甲	zhǐjiǎ	손톱
1405	指检	zhǐjiǎn	수지검사
1406	指数	zhǐshù	지수
1407	指征	zhǐzhēng	지표
1408	治疗	zhìliáo	치료
1409	痣	zhì	모반
1410	窒息	zhìxí	질식
1411	智齿	zhìchǐ	지치
1412	智力	zhìlì	지력
1413	中耳	zhōng'ěr	중이
1414	中脑	zhōngnǎo	중뇌
1415	中心静脉压	zhōngxīn jìngmàiyā	중심정맥압
1416	中毒	zhòngdú	중독
1417	中暑	zhòngshǔ	중서
1418	终神	zhōngshén	말단신경
1419	终止	zhōngzhǐ	정지
1420	肿块	zhǒngkuài	종괴
1421	肿瘤	zhǒngliú	종양

1422	肿瘤坏死因子	zhǒngliú huàisǐ yīnzǐ	종양괴사인자
1423	肿瘤相关抗原	zhǒngliú xiāngguān kàngyuán	종양관련항원
1424	肿胀	zhǒngzhàng	종창
1425	重症肌无力	zhòngzhèng jīwúlì	중증근무력증
1426	重症监护病房（ICU）	zhòngzhèng jiānhù bìngfáng (ICU)	중환자실
1427	舟状腹	zhōuzhuàngfù	주상복
1428	周期	zhōuqī	주기
1429	周围血管征	zhōuwéi xuèguǎnzhēng	말초혈관질환 증상
1430	轴突	zhóutū	축삭
1431	肘关节	zhǒuguānjié	팔꿈치 관절
1432	皱纹	zhòuwén	주름
1433	侏儒症	zhūrúzhèng	주유증
1434	蛛网膜下腔	zhūwǎngmó xiàqiāng	주망막하강
1435	主动脉瓣	zhǔdòngmàibàn	대동맥판
1436	主诉	zhǔsù	환자의 서술
1437	注射	zhùshè	주사
1438	专家	zhuānjiā	전문가
1439	转移	zhuǎnyí	전이
1440	状况	zhuàngkuàng	상황

1441	状态	zhuàngtài	상태
1442	椎骨	zhuīgǔ	추골
1443	椎间盘突出症	zhuījiānpán túchūzhèng	허리디스크
1444	椎体	zhuītǐ	추세
1445	坠积性肺炎	zhuìjīxìng fèiyán	침하성 폐염
1446	浊音	zhuóyīn	탁음
1447	着床	zhuóchuáng	착상하다
1448	子宫复旧	zǐgōng fùjiù	자궁퇴축
1449	子宫肌瘤	zǐgōngjīliú	지궁근종
1450	子宫内膜异位症	zǐgōng nèimó yìwèizhèng	자궁내막이위증
1451	子宫腺肌病	zǐgōngxiànjībìng	자궁선근증
1452	子痫前期	zǐxián qiánqī	자간전증
1453	紫癜	zǐdiàn	자반병
1454	自发性	zìfāxìng	자발성
1455	自觉	zìjué	자각적이다
1456	自理	zìlǐ	스스로 처리 가능하다.
1457	自身免疫病	zìshēn miǎnyìbìng	자가면역질환
1458	自由	zìyóu	자유
1459	自愈	zìyù	스스로 치유하다

1460	自主	zìzhǔ	자주
1461	综合征	zònghézhēng	증후군
1462	总蛋白	zǒngdànbái	총단백
1463	纵隔	zònggé	종격
1464	足部	zúbù	족부
1465	足月儿	zúyuèr	달이 차다
1466	组成	zǔchéng	구성하다
1467	嘴唇	zuǐchún	입술
1468	遵循	zūnxún	준수하다
1469	作息	zuòxī	일과
1470	坐高	zuògāo	좌고